FERIDUN ZAIMOGLU

Koppstoff

Kanaka Sprak
vom Rande der Gesellschaft

W0046140

Rotbuch Verlag

Mit freundlicher Unterstützung des Ministeriums für
Wissenschaft, Forschung und Kultur des Landes Schleswig-Holstein.
(Landeszuwendung im Rahmen der Projektförderung)

Die Deutsche Bibliothek – CIP-Einheitsaufnahme

Zaimoglu, Feridun:
Koppstoff : Kanaka Sprak vom Rande der Gesellschaft /
Feridun Zaimoglu. - Hamburg : Rotbuch Verlag, 1998
ISBN 3-88022-674-1

© Europäische Verlagsanstalt / Rotbuch Verlag, Hamburg 1998
Umschlaggestaltung: Medi Stober und Stephan v. Löwis of Menar,
Hamburg (KIX)
Herstellung: Das Herstellungsbüro, Hamburg
Druck und Bindung: Druckerei Wagner, Nördlingen
Printed in Germany
Alle Rechte vorbehalten
ISBN 3-88022-674-1

An Çağıl

der mäßige bläst kalt und heiß
aus einem mund:
also werde ich
auf diese lautemperierten
einen lausigen pfennig geben.
hier sei ihnen
und allen mannskerlen
aufn scheitel gehauen,
sie mit ihrem traum
vom bürgerlichen wohnzimmer,
ihrem hut,
ihrer geraden knopfleiste,
ihrem yuppie-stinkwässerchen,
ihrem ernst des lebens.
wer von uns spielern
in den städten
kann was damit anfangen?
wer bewegt ist,
der zeige seine bewegung.

gewidmet ist dieses buch den
widerständlern,
freien partikeln,
den taffgören,
den werkwilligen im üntergründ,
den agenten im mainstream,
den drillichzerfetzern,
der getarnten bösen brut,
den kriegern aller stämme,
dem nachtgeschmeiß,
der asylantenflut,
den rassenschändern,
den redskins,
dem metropolenmenschenmüll,
mit respekt und großer liebe
allen KANAKAS in germany united.

Inhalt

Vorwort

Die Arbeiten zu Kanak Sprak waren im Sommer 95 abgeschlossen. Ich hatte schon damals den Vorsatz, diesen »männlichen« Positionsprotokollen ein Buch mit »weiblichen« Statements folgen zu lassen. Statt dessen ergab sich der Kontakt zu Ertan Ongun und daraus das Buch »Abschaum«. Hatte ich geglaubt, mich im Anschluß um die Frauenprotokolle kümmern zu können, so sah ich mich gründlich getäuscht. Auf »Abschaum« folgten sehr viele Lesungen, Diskussionsrunden, Interviews, Radio- und Fernsehauftritte, schließlich die Vorarbeiten zur Verfilmung von »Abschaum«. In dieser Zeit ist ein großer Teil dieses Buches entstanden.

Auf fast jeder Lesung wurde angemerkt, daß »Kanak Sprak« ebenso wie »Abschaum« die »männliche« Sicht der Dinge darstelle, und Frauen forderten die weibliche Sichtweise. Manchmal war diese Forderung mit dem Angebot verbunden, sich selbst mit einem Statement einzubringen. Andere meldeten sich über den Verlag, ein weiteres Protokoll entstand auf der Zugfahrt von Frankfurt nach Hamburg mit einer zufälligen Bekanntschaft.

Das Buch »Kanak Sprak« war fast allen meinen Gesprächspartnerinnen geläufig. Sie hatten also durchaus eine Vorstellung, in welcher Form ihr Statement schließlich veröffentlicht würde. Es ergibt sich jedoch ein Unterschied aus der Entstehungszeit: »Kanak Sprak« war zeitlich näher an Mölln, Solingen oder Rostock-Lichtenhagen. Trotzdem war die Erfahrung mit rechtsterroristischer Ge-

walt für viele Kanakster eher fremd, und deren schlimmste Exzesse haben sehr viele, vor allem auch deutsche
Bürger, zu stummem oder lautem Protest bewegt. Inzwi-
schen ist rechtsradikale Gewalt, verbal wie körperlich,
eine Alltagserscheinung wie der Gang zum Bäcker. Prote-
ste sind ob der Gewöhnung selten geworden. Die Aufklärung des Lübecker Brandanschlags verkommt zu einem
unwürdigen Spektakel, in dem sich rechtsradikale Straf-
täter aus Grevesmühlen immer wieder zu ihrer Täter-
schaft öffentlich bekennen und ihre Aussagen widerru-
fen, wie es ihnen gerade in den Sinn kommt. »National
Befreite Zonen« gibt es nicht nur im Osten. Jeder kennt
Magdeburg-Olvenstedt aus Funk und Fernsehen, aber
wie ist es zum Beispiel mit Neumünster-Gadeland oder
Itzehoe oder Kremperheide oder Hamburg-Bergedorf?
Stiefelnazis sind nur ein Teil der politischen Wirklichkeit.
Die eigentlichen Aufwiegler sind einige prominente Ver-
treter der politischen Klasse. Die Stichworte kommen
längst aus der Mitte der Gesellschaft.

All das macht sich in der Stimmungslage der Kanakster
in Deutschland bemerkbar. Bezüglich der politischen Ver-
hältnisse in diesem Land hat sich eine Düsternis und eine
Wut breitgemacht, die aus vielen Protokollen spricht und
die ich selbst vor ein paar Jahren nicht für möglich gehalten hätte.

Feridun Zaimoğlu, im Juni 1998

Ich bin n taffer Liberalkiller

Nesrin, 24, Rapperin und Street-Fighterin

Während einer HipHop-Party höre ich sie mit einigen Rappern lautstark streiten. Sie wirft ihnen vor, zu soft zu sein. Nach einer Weile beteilige ich mich auch an ihrem Gespräch. Sie betrachtet mich anfangs mit Argwohn. Als ich ihr in wesentlichen Punkten recht gebe, faßt sie Vertrauen und erklärt sich bereit, sich mit mir zusammenzusetzen und eingehender über dieses Thema zu sprechen.

Was ich rede, Meister, das ist nicht reden gegen irgendwas, gegen ne ganz bestimmte Adresse isses, die vornehm tut und glaubt, mit allen Wassern zu waschen und alle Schikanen zu kennen, und mein Reden, Meister, ist strikt gegen das Liberalultramild, gegen sein Schickimicki, sein Jet-set, gegen sosyete-bebe, gegen sein Kopfzerbrechen, wie er den Mohr vom letzten Dreck waschen kann, gegen s Pintwedelige, was er Kulturforschen nennt, gegen seinen gottverkackten Sprech mit wie interessant!, und was es nicht alles gibt! All das, was so n Liberalpissetrinker vorgeben tut zu verstehen, ist schlimmster Raub vom Reinoriginal, ist Tränendummes und Kontofettes, Toskana-Arschfickiges und Weinkenneriges, Billighäutiges und Bürgerdoofzappeliges, ist: Papst tanzt im Kettenhemd, und wir Liberalen haben ja n Jahresabo, dürfen uns nichts entgehen lassen. Was ein Furz im leeren Himmel, was ein Jammerclown dieser Liberalmilder; und Standard ist der Dummsinnspruch: Dürfen's bloß nicht verpassen. Nettallesnett, Somaliahunger und Kongofieber nettganznett, Bullen-Skins-und-Hooliganschweine dreschen auf Kümmel im dunklen Deutschland, achwieschadeaberauch, Rassenkrawall bald ganz bald, ach wie bitterböse aber auch, Frauenunrechtficker freigesprochen weil Mangel an Beweis, böse Mösen gibt's doch auch. Dürfen's Programm nicht verpassen! Gegen sein Merci und sein Weißweinvernissagenquark und sein Krawattennadelgetue schmeiß ich ein Fick-dich in die Runde und oute so nen Liberal als Kannibal, als erster Yamyam und Fresser von Kanak. Kenarına bak bezini al derler ya, tanırım ben bu lüks paçalı köpekleri, her şeye kafa sallar, her şeye amenna der, her deliğe ilişir, ortaların beyi, köylerin muhtarıdır, boka bile bi güzelim şirin göz alıcı kurdele takar bu kahrolası liberal. Was sagt man bei uns? Wirf einen Blick auf eine Stoffalte und nimm den ganzen Lappen, is doch Zeitverlust, große Augen zu machen, kenn ich ganz genau, diese Hunde in Luxustracht, nicken ja zu allem, geben zu allem Wort und Siegel, schnüren tänzerisch zu allen Löchern, Herr aller Offenplätze, Vorsteher aller Dörfer, das sind sie, und um Scheiß und Nippes ziehn sie ne feinkordelige Schleife drum. Keiner soll mir kommen und mir über so n Bürschchenverein Gefälliges berichten wollen, der Verein is n ganzer Fischkopp, und der stinkt und stinkt. Yelpazeylemi sisi kokuyu dağıtacan, willste mitm Fächer Dampf und Stank vertreiben? Yok, nix da, das geht nicht, mit ner Wucht kommst du so nem Gestank bei, nicht durch Tür- und Fensteraufreißen und Frischluft reinfächern, der Fischkopp muß raus da, hat nix zu suchen und nix zu sein als verkackter Pipikram. Ich schick ne saftige Mahnung an deren Scheißadresse, ich baller schöne gute Schmetterworte in deren Nester. Ihr Gabeninteressanttisch, an dem die Schwanzmelker Platz genommen, schmeiß ich um, ihre Regale mit Buchmonsterrücken schmeiß ich um, und ihr Mauldreck schmeiß ich um, das ernenn ich zu meiner Sache. Ehrenwert isses, auf sie zu zeigen und zu sagen: Ihr habt keinen Taug. Ich bin sichtbar, und meinen Hit land ich sichtbar stark, daß ihr Blech scheppert, daß ihre arschgefickte Natur im ersten wie im letzten auffliegt: Für Liberalultramild ist alles Spektakel zum Händeklatschen, und ihr Nixwerttun is ne einzige Tribüne. Und höchstens dann, wenn sie sich besonders gefährdet haben im Scheißbegaffen von Spektakel, meinen sie: Ich glaube, ich habe mich zu weit hinausgelehnt aus dem Fenster. Ihr Geist ist Kacke mit Glasur, und darauf will ich trümmern mit Hieb und Stich, damit ihr linkes Ding sichtbar wird. Sie wollen mich auf den Mund gefallen, aber ich bin ne Starkfrau, die ist nicht aufn Mund gefallen, und ich gefährde sie. Sie wollen mich als Schmerzweib in Fesseln und wollen sehen meinen Befreiungskampf, aber ich kämpfe, seit ich in diesem verruchten Deutschlandhaus bin, und Schmerz, den Liberalultramild meint, nenn ich Vulgärheulerei und Scheißkitsch und nen Grund, damit n Liberalultramild schnalzt und stinkfingert und belehrt: Wie unproperlich, o du Mischling, das mußt du anders machen! Mein Tarif is nicht ne Latinoguerilla, wo die hier ne nasse Möse kriegen von Che Guevara, mein Tarif heißt Fight, Fight und nochmals Fight von Sonneauf bis Sonneunter! Ich bin von meiner eignen Schule n Abgänger, in der Straßenschlucht bin ich wurzelfest, von hier hol ich meinen Gesamteindruck, und das alles macht mich zu dem, was ich bin: n taffer Liberalkiller, hart in meinem Bastardrödel, hart in der Sache, hart im Aufdecken vom scheiß Spiel, das uns Kümmel verdirbt. Soll zu Boden krachen, der gegen mein Gedeih muckt, soll er, der gemeine Hund, der Entschärfer. Wer mein Reden als Fluch versteht, der weiß nicht, was Deutschlandhaus ist: n Space der Masken, wo jeder Arsch den Magic Drop sucht, den seligen Knockout oder aber n ranzigsten Bock zum Sühneschächten, damit das viele Blut irgend ne billige Kleinkacksünde reinwäscht. Im Deutschlandhaus gafft doch jeder die rote Laterne am Arsch der Welt an. So entsteht doch das Liberalultramild mit Lifestyle und Geschmuse. Es fällt dauernd ein Anwurf gegen mich in allen Bezirken, weil ich das lügnerische Bezirksprinzip nicht annehme, das da heißt: Die Kutte macht den Derwisch. Ich aber spuck auf die Kutte und spuck auf den Derwisch. Ich spucke auf brav-brav-Tätschel, ich spucke auf ihr Schönfinden von Gosse und Rassenrede, ich spucke auf ihre Mildepralinenseele, auf ihr Au-weh-getan-Hirn. Wer solchen die Hand gibt und reicht, ist sofort geknebelt, und da kenn ich welche Assimil-Kümmel, die so n Frevel getan. Werden freuderot, wenn sie n Lob einstecken vom Blondkopp, stoßen an mit Yuppiestinkern in Pinscherdisco, geben sich die Rübe mitm Edelknall innem Easyclub, ist ihr Spiel, ihr Ficki-fackidiggy-Ding, knalln Kopp durch ne Kugel aus easy Rauch, geht fetter Rauch rein, kommt dünne Grinse raus. Meister, wir Gören wollen nix mit etabliert und eingedeutscht, und der Assimil-Kümmel ist der mieseste Trip, seit es den Kanaken gibt. Der Assimil-Kümmel kann's nicht lassen und flutscht und glabscht und glibbert. Der zeigt seinen Flachbrustkumpeln seinen Urlaub auf Dia und bräst was von »meine Heimat serr gutt!« oder »Schafskäse serr weisss in Türkiye«, und die Pleiterunde nickt's ab und denkt: »Ist das n lausiger Ziegenanatolier!« Mit wem Freund sein, hä? Mit so nem Blondgesocks? Mitm Liberal, der mich abgrabbelt auf Heimatsprach und Sprechen-gut-Deutsch? Mit Interkulti und Folk gegen rechts? Alles will mir denn einreden und mir Schwäche anhängen und dies scheiß »wo du Kopftuch gelassen?«. Ich aber, Meister, steh hier, laß sie auflaufen gegen meine taffe Weibhärte. Ich brüll ihnen zu: Hier bin ich, und los geht der gute Fight! Wer wird wohl siegen, hä?

Sistem gegen süppkültür

Ferah, 24, Studentin (Film- und Fernsehen)

Jobbt als Vortänzerin in einer Szene-Disco. Es gefällt ihr, daß sie dabei nichts mit den Leuten zu tun hat. Sie sei quasi allein, vergesse alles um sie herum und denke nur daran, was sie sich von dem verdienten Geld kaufen würde. Die Treffen fanden in der Bar der Disco statt.

Und dann habe ich mal Punks Pogo tanzen sehen inner Süppkültür, das war was anderes als sonst Diamantschlampe spielen kußmäulig oder mal zum Event als Gag-Transe nacktes haariges Bein zeigen, das war man was anderes, das war Tatkraft und auf ne Bourgeoisie voller Künste geschissen, denn inner Süppkültür verzählt jeder jedermann: Nicht das nur was du siehst, aber was dahintersteckt, und je oller jedermann seinen hippen Ünterüntergründ aufpfaut, je doller steckt da was dahinter inner Süppkültür, und wo jeder jedermann ne Pose auflöst, kommt ne nächste heimlich heimlich kulturiger, und urig will n Bravmann gut und gerne ausflippen. Kippt der also innen Shaker wasauchimmer, gibt's sogar Garantie für, daß die Materie überkocht, und der Einstampf vonnen Zutaten bringt den hippen Kessel zum Abfegen, ich denk, daß s Gerüttel vonnem Shaker was bringt für Süppkültür, aber bringt nicht, was du reinhaust an Vielfressal, nur der kranke Motor muß anbleiben und den Napf am Leben halten: Ausm Napf holen sich viele

Esser ihre Wampe, und auch der Schimpfer auf Süppkültür nimmt sich draus sein Fett. Und sowas ist die reinste Funktion, jeder lebt auf jedermann und macht son
Zirkelding, worin alles und jedes verreckt, und ausm
Stand der Dinge um die Mitte wird der Gurugott schlau,
der mit Absicht lässig loost und den Mainstream ab-
rüscht und droht, daß Süppkültür ihren Sprengtag und
ihren Tattag haben wird, doch nur, wenn alles gutgeht.
Und bis dahin: n Outfit und ne Meinung darüber, Film
und Platte und Buch, und n Statement darüber, und
Fickpint und Fickpussi, und Männerfrust und Weiberhaß
darüber. Tipptopp ist dies Loser-Tamtam, weil die Indu-
strie den Systemfresser einstellt, und Kritik-Pop und AIDS-
Pop und Anti-Aleman-Pop und dein Kanak-Attak-Scheiß
stehn schön Schmiere fürs System, weil ihr und wir und
alle Welt Lärm machen für Monete und quengeln für
bare Münze. Jeder zeigt jedem, was er hat, und der cool-
ste Spruch heißt: Ich hab den besseren Wurfarm zum
Scherbenklirren und Bullenkirremachen. Wer ist der
taffste Wühler, und wer kann die längsten Gänge höh-
len, und was ist meine Erzeigenschaft, und hab ich den
Feind nicht doll geneppt, und wir alle necken mal das
Schwein, denn das Schwein deckt uns mit Depri-Laune
ein, und hier, da hast du n Spieß in die Flanke gerammt.
Das Schwein deckt alle unsere Flächen, und wir grunzen
im Stall, und er ist der Hüter: Das ist unsere einzige
Wahrheit, doch wir alle haben den gottverdammten Pa-
lazzo-Dream der Kanaille, irgendwann werden wir schon
unsere Armenpelle und unsere vielen Tiefpunkte inne heiße Hölle kicken und das Schwein schon innen Stall jagen,
und bis dahin toter Mann und Süppkültür, wo Skurrildreh
das Ding ist, und um das Ding braint ne Handvoll Völk

über Ratespiel, wie man guten Hanfbrock von welchem 68er Dealer kriegt, und wer wann wo dufte oder nicht n abrutschiges Parlieren hinbekommt, und wer wann wo dufte oder nicht n Rauhscratch aus n paar Rillen rausgemaust, und wer wann wo dufte oder nicht ne Kült-Spur hingeschissen innen Preußdrill, und insgesamt wie Süppkültür ruppig der Puppe Staat was wer wo ordentlich geboten: in und out, aufm Sprung und wieder weg. Und wieder mal ist einer gefällt worden vom Virus, der Virus hat ausgehöhlt. Und einer hat die Schnauze voll, hat die Widerstandsknarre genommen und Tattag gespielt, und auch der ist weg: keine Immunität, kein bißchen Schutz. Und wo geht's lang in den Kalbsköppen: daß Leutchen den Radikalklaps kriegen und sagen können: Ich hab dem Mops sein Chappi geklaut. So n vielarmiger Mittelstand hat seine Kids in alle Felder gesät, und die laufen rum mit Seminarfresse: ne Idee nach vorn, ne Idee zur Abrutsche, wo man eben mal unbemerkt rascheln kann, ne Idee ins bizarre Leder und wieder zurück inne bloße Tuerei ums Glück wegen, die laufen rum: auf der Rolle ins Gemüffel und auf der Flucht vorm großen Schnüffler Staat, die laufen rum auf der Rolle zur fleischlosen Hardware, und all die süßen kleinen Akteure sind nicht klar. Die verdammte Schmach währt ewiglich, also Trips und so ne Zeugs schlucken wie ne Hostie für nen Erlaß oder n Bild, daß auch n Toter im Sarkophag rummst: schwarze hungrige Zellen, die alles schlucken, was sie sehen, und die sich in Zen-Oblaten zusammenschnurren und jedem übern Weg laufen, der inner Süppkültür was tut, auch wenn's nur Dabeisein ist, auch wenn man die gute alte Sugar-Pop-Luft schnuppert: Die schwarze hungrige Zelle ist dein Schatten.

Und das System fängt ja an vor der Haustür, und was wir so reinbringen ist wie Hundescheiße aufn budeneigenen Perser geschmiert, frisch vom Absatz, ist Systemschmalz, den jeder und jedermann frißt und ausscheißt, und das System stellt Schmalz und Verdau-Magen und Ausschiß-Arsch und Klobecken obendrein, und in der Süppkültür haben unsere Jesus-Herzen den ganz großen Affenscheiße-Blutrausch, und zieh das Genick ein, und ersaufe im Weinglas, und wisse weder Gicks noch Gacks, und trenn dich von so ner obergescheiten Sache, und nimm Pöbellob als dein bestes und besseres, was dir widerfahren kann, und friß das Bettelbrot, das der Deutsche seinen better-minded-kids ins Maul stopft, daß sie nimmer übers Plumpe der Bedingung jammern, und wimmer um ne gnädige Hand, die dir den Stecker rauszieht. Denn sonst biste n Süppkültür-Verrecker, und Deutschland hat auf dich geschissen.

Ich schaffe mir meine private erwünschte Umgebung

Şükran, 22, Verkäuferin in einer Edelboutique

In einer Stranddisco in der Türkei kamen wir ins Gespräch. Ich sah ihr an, daß sie eine Deutschländerin ist. In der späteren Unterhaltung verbat sie sich diese Bezeichnung. Wenn schon ein Name, dann eine »mutierte Türkin«.

Für Coco Chanel war's die Kamelienbrosche, weißt du, und für mich ist es der Slipdreß mit Spaghettiträgern, und ich laß nichts kommen auf No. 66 von Dior, das ist schön weiblich und birgt das klassische Muster. Es kann aber auch Chanel No. 5 sein, ich leg mich da jetzt nicht unbedingt fest. Der rote Lippenstift, Margaret Astor No. 66, auch ein Gutding, da gibt es aber einen klitzekleinen Trick dabei, und den will ich dir verraten: Du hältst zwischen die bemalten Lippen ein feines Papiertaschentuch, kneifst den Mund zu einer Zuckerschnute, zweimal, das ist wirklich wichtig, und schon hast du voll die richtige Partylippenfarbe. Ich kann das nicht mit ansehen, wie sich Friseusen aufdonnern, der Mund sieht aus, als würde Öl auslaufen, und die Augen wie diese Löschblätter in Pfefferminzgrün: Der fette Auftrag macht eine Frau zu Schaufensterplaste. Das Kleiner-Puper-Outfit ist etwas für Provinzprofis, die in einer mittleren Großstadt einen Studienplatz kriegen, ich meine, diese blonde Bund-Deutscher-Mädel-Auslese, die für ein bißchen Attraktion gern mal einen Beischlaf riskiert. Sowas ist ja vorherrschend in den Straßen, daß nämlich jede und jeder sich was auf den eigenen Geschmack einbildet, und man kann sie auch schlecht vom Gegenteil überzeugen. Wenn eine Frau dikke Beine hat und trotzdem ein Minirock anzieht, weiß man, da ist aber was schiefgegangen. Genauso wie zu einem Vollmondgesicht der Bubikopfhaarschnitt nicht so richtig passen mag. Die Liste läßt sich ewig fortsetzen, der Geschmackspool ist eben so etwas wie eine hippieartige chill-out-area, das Gemansche von Stilen und Trends ist schon recht abenteuerlich. Mir kommt es vor, als setzte man das Outfit als Appetitmacher ein, und das ist ja nur recht und billig, aber man trimmt sich da auf sehr viele schlechte Witze ein. Ich höre viele sagen: Wenn ich viel Geld hätte, dann würde ich auch herumlaufen wie ein Starlet. Aber niemand verlangt von ihnen, daß sie in einem schlechten Film spielen sollen. Und es ist auch eigentlich keine Frage der dicken Börse. Die gute Empfindung spielt da hinein, und daß man das richtige Gespür hat für einfache Kleiderwahl. Wenn's denn paßt mit der Größe, reicht die bloße Anprobe in der Kabine für die meisten Mädels aus. Es ist ein richtiger Lernprozeß, eine Art Schulung, die man hinter sich bringt, um sich am Ende schick und schlicht kleiden zu können. Die werden bestimmt denken, was für ne blöde Schickse, die redet ja über banale Fummel, als wäre das n Abiturfach oder so, und als gäb's nicht genügend andere Sorgen. Die Sorgen können sie mir gerne für eine Probezeit vermachen, ich bin mir so ziemlich sicher, daß sich manch ein fettes Gespinst mit feinerem Esprit lösen würde. Diese Strikttrennung zwischen Puderquaste und Grips hat etwas mit

Deutschen und Deutschland zu tun, das ist für mich klare Sache. Du siehst ja selbst, daß meine Regale vollgestellt sind mit Lesefutter. Aber natürlich hat es nicht so viel zu sagen, es könnte ja sein, daß ich denke, Buchrücken machen sich gut nebeneinander. Alibi ist das bei mir allerdings nicht. Sie schauen schon wie eine Parkuhr, wenn du als Türkin daherkommst und Belletristik richtig aussprechen kannst. Und Schmökerspaß scheint ja richtig auszuglimmen als so eine Art Lebensgefühl. Entweder ist das Lesen Komagedumpfe, also irgendwie Selbstzweck, oder man fühlt sich richtig stark als Analphabet. Jetzt habe ich fast den Faden verloren, ich war ja bei dieser Trennung zwischen Schminkkasten und Bücherbord. Ich meine, da ist doch wirklich was faul hier. Von einer gepflegten Erscheinung schließen die meisten auf Hirndunkel zu Lebzeiten. Und diese eklige Naserümpferei, dieses Beine übereinander schlagen und die Stirn in Falten legen, ich sage dir, die grobe Grübelgier hier ist sowas von flächendeckend. Dabei können die eigentlich nicht richtig denken, die freudige Bauernschläue fehlt denen vollkommen. Hauptsache, dem Hirn schwer zusetzen und halbverdauten Schwachsinn vom Stapel lassen. Ernst Jünger ist so ein Beispiel, da habe ich ja, weil der eine Zeitlang schwer im Gespräch war, aus Neugier reingelesen. Und was muß ich feststellen: Der Mensch hat ein wirklich vermurkstes Selbstwertgefühl und geht den Leuten mit seinen billigen Merksätzen auf die Nerven. Du kannst einen häßlichen Deutschen von einem lumpigen Basari nicht unterscheiden, beide handeln mit Schrott und Tand. Und ihre Blendung ist durchsichtig, also was die alles auf dem Bauchladen feilbieten, ist ja so unnötig wie ein rosaroter Feudel, aber sie schauen wie angesoffene Monokelgrafen in die Ferne, und es ist alles irgendwie recht bedeutsam, bloß nicht auf den Punkt kommen, bloß nicht sagen: Das da kommt mir spanisch vor. Nein, sie nageln Sätze in die Luft wie: Da war etwas über mich Gewachsenes, das sich meiner Begrifflichkeit verschloß. Bei sowas will ich gleich die Klospülung betätigen. Wenn solche Murksphilosophen versehentlich Bodylotion trinken, würden sie von Wermutstropfen reden. Du verstehst hoffentlich, was ich meine. Ich will, daß sich Klares ergibt und daß Klares auch Schönes will. Man sagt das ja so leichthin: die schönen Dinge des Lebens. Meinetwegen ein Sandwich, wenn einem schwarz wird vor den Augen. Meinetwegen der richtige Schlagersänger im Radio. Und so weiter. Ich meine, wir haben dieses und so weiter richtig liebgewonnen, es gibt nichts Einheitliches, keinen schwarzen Block, keine große Verpflichtung, und darüber jammern die Leute. Das Hiobsgejammer umfaßt auch den letzten Mist hier, dabei geht es nur um das eine: daß wir den letzten Zug verpaßt haben, weißt du, dieses Gefühl, ständig zu versäumen und nicht richtig zu Potte zu kommen. Irgendwann sitzt dieses Gefühlspaket eng verschnürt im Bauch oder in der Herzpumpe oder in den Eingeweiden, und um wieder schlucken oder frei atmen zu können, machen wir uns mit dem Gedanken vertraut, alles stehen und liegen zu lassen und von vorn zu beginnen. Eine Art Taufe also, eine Art Konversion zum richtigen guten absoluten Glauben. Der eine wandert aus, der andere bricht den Workshop-Teilnahmerekord. Dann gibt es welche, die hängen sich auf. Nicht einfach so, das ist Quatsch, da hat sich schon was angestaut, ist die Hoffnung, wie ein blankes leeres Blatt zu sein, doch übermächtig geworden mit der Zeit, und schließlich wollte man doch seinen letzten Lebenshauch verströmen, oder auf gut Deutsch, man wollte Schluß machen. Ich habe da etwas gesagt, ich merke das jetzt, was nicht paßt, von wegen den Lebenshauch verströmen, wieder so eine platonische Ferkelei, die an den Facts völlig vorbeirasselt. Wenn man meinetwegen eine Frau mit dem Kopf im Backofen findet, dann wird man sich doch nicht hinstellen und sagen: O wie schade, sie hat ihren letzten Lebenshauch verströmt! Das wäre saudumm.

Ich schaffe mir meine private erwünschte Umgebung. Und Männer sind ja auch ein Teil dieses Milieus, mit Hamstern kann man schlecht kopulieren. Somit sind wir am Knotenpunkt: Deutsche Männer sind so verdammt sittsam! Sie müssen die Liebe übers Herz bringen, so ist das bei ihnen. Sie sind auch ziemlich überfordert und ächzen wie eine alte Wasserpumpe, wenn man meinetwegen verlangt, sie mögen ihre Schweißfüße kurz mal untern Wasserhahn halten. Klar, wir stellen uns irgendwie alle an, das geht schon in Ordnung. Ich habe mir aufgeschrieben, was ein Verflossener mir unter der Bettdecke gesagt hat: »Mensch, Schükran, man muß mich eigentlich würgen, daß ich in die Gänge komme. Ich kann nur aus der emotionellen Notlage schöpfen, das gehört hierher, in dieses Land, das ist das beschissene Drama in Deutschland!« Ich hielt ihn zuerst für bekloppt, ich habe ihn dann später verstanden, wie er das meinte, er war wirklich in Ordnung der Mensch, keiner von der Sorte, die in den Sessel niedergedrückt dumpft und ihren wanstigen Geist schlendern läßt. Er sprach öfters von unsichtbaren Meridianen im Körper und daß diese Meridiane durchglühten, wenn sich sowas wie Klarheit einstellte, weil wir alle in den big cities auf Verwirrung gepolt sind. Und nicht

24

anders können als Scheiße bauen. Er hatte die richtigen Begriffe dafür wie Emotionsabgabe und Emotionsnotdurft, ein bißchen crazy war das schon, sein ganzes Reden über Chaos und wie man aus dem kranken Wirrwarr herausfinden kann. Über Liebe läßt sich streiten. Mal ist die Liebe eine Lawine aus Papierraschel, mal flüssige Goldlava. Ich halte mich an Schönes, denn der Tag beschert die neuesten Dinge.

So ne Projektmacherei is hier
die Masche

Nazan, 23, Friseurin

Sie ist die Freundin eines Kanakster-Kumpels. Sie
ist der Meinung, daß viele Menschen ihre politi-
sche Bildung in der Kneipe oder beim Friseur
abholen. Ihren Beruf hält sie für revolutionär und
vergleicht ihn etwas mit meinem. Sie hat sich fest
vorgenommen, ihre Kunden »vollzulabern«, so-
lange sie nicht weglaufen können.

Ich hab n bißchen was vonner Idee, wie sich das tut hier
und wieso man wie fies Leichtes so n Schmier abkriegt, so
ne Einreibeloschen für Porenverstopfen, und die ganze
Welt, in der man denn steckt, absiegelt und einwandfrei
aussehen läßt: Das kommt vonner Angst, daß man nur
zuglotzt, wie der Zeiger seine volle Runde macht, und der
Zeiger verteilt so alte Falten, und nullnix passiert, man
kullert inner Öde hin und her, und weil man s Kullern be-
treibt, fehlt einem der Stoff für Nichtkullern und Rein-
gehen in die Zeit, wo die von selbst funktioniert ohne uns
alle. Mit der Zeit arbeiten, ganz groß einsteigen als
Traumteenie, das Sonderding abziehen in der Branche,
von Mücke zum Kerl kommen, oder n ultimativ sexy Bein
zeigen, oder immerzu klopfen beim Nachbarn, daß er die
zugenagelte Tür nen Spaltbreit öffnet, und am Ende sagen: Was da auch immer kommen mag, ich nehm's. Erst

26

n heißes Eisen im Feuer, dann froh auf ne schwache Glut, dann dies nützt-alles-nix und ich-komm-dagegen-nicht-an, und denn die blöde Trauerbinde um nen Freakhals, weil man's besser wußte und gegen's Gesellschaftliche anlief und am Ende dasteht als n Clown des putzmunteren Jetsets. Für die sind wir Kanaken, unterhaltend, sowas wie das Leben der Boheme oder harsches Gossenelend, sowas wie Anheizer vonnem Partyevent, sowas wie Judenschneider im geflickten Rock, der nun die Faxen dicke hat im grauverkörnten Land, und der heftet sich aus Anstandsgründen nen gelben Judenstern annen Aufschlag, damit er Dorn sei im verklebten Scheißaug. Die Angst der vielen macht den Knall, nicht der Schiß der Fremden, nicht der Kaffer-Schiß. Wenn die vielen sich die kommende Rage zuraunen aufm Markt, beim Haarschnippler oder inner Kneipe, wenn's Gedröhn immer lauter wird von wegen: Da kommt er, er muß doch kommen, wir hören schon seine Schritte, morgen rennt der Kanak unsere Zäune ein, so ist das gewünschte Angst, so wollen sie Straßenquill und Ghettoballen, um aus dem Kullern inner Öde wegzuknallen. Der erste Schuß dröhnt sehr sehr laut, und wenn da n schlimmer Kaffernfinger war am Abzug, hat ihr Gott ihrer aller Vater-unser-gib-uns-das-täglich-Blut erhört, und die Hatz geht los, und das Gerücht ist Fakt Nummer eins, wie auf der Straße Blut ist Fakt Nummer eins. Da grölt n Lämmerchor: Wir haben's doch schon immer gewußt, und jetzt wird der Türke auf unserm Boden rotzefrech. Und die Manierenbeibringer werden richtig populär und bilden die Bürgerwehr, und es wird dann heißen: Unsere Frauen sind behelligt und schlaflos, weil der freche Türke auf unsere Betten linst. Hans schützt vorm großen Einbruch, und wer gestern noch n Mein-Freund-ist-ein-Türke-

T-Shirt trug, macht heute Stimmung für ne verkackte Volksseele, die ne Abart tottreten will für immer und ewig, denen ihr Maul stopfen oder Weisung geben, die da lautet: Entweder rein in meine Gemeinde oder raus in eure Ziegenprärie, entweder freßt ihr mein blitzblankes Brauchtum, oder es soll euch der Grenzschutz in stinkige Slums zurückscheuchen! So kommt n Urgestriger sowie n Hiphipmoderner zum Zeitvertreib, und der Matschkill an uns gibt ne Herrlichkeit in dies Land, wie's doch länger wartet drauf, auf ne saftig-rassige Einmache, die saftigste nach dem totalen Krieg, damit sie endlich wieder wissen, wo's langgeht und s Memmenzaudern kruzitürken ein Ende hat. Fragst du heute rum nachm Stand der Dinge, sagt jeder Depp: Tja, hab ich was zu laufen, und's hört sich an wie n Erzschurkenkomplott oder ne todsichere Sache vonnen Panzerknackern, wo die doch kein Bein auf die Erde kriegen, aber immer von unbewachtem Tresor tönen, und das is derselbe Fall bei all diesen Modernskis. Sie haben n Projekt laufen: Sag's aber nicht weiter, und's bleibt strikt unter uns, nur noch ne Frage von mickrigen Stunden, und ich fahr die fette Ernte ein, mach das Ding klar, hab voll den Obercheck, dann bin ich auf der Siegerstraße, aber bis dahin brauch ich nen Hunni, rück mal den Schein rüber, Frau. So ne Projektmacherei is hier die Masche, wenn aber Ghettogümgüm in Modernskis Eisennest donnert, hat er das heiße Ding und kann schulterschließen mit ner prüden Bürgerwehr, die Wälle baut gegen die Kaffernflut. Ich ahne so n Übel, der Straßen-Kanak ahnt so n Übel, die Alten ahnen und wissen: Es brennen in Deutschland verdammt viele darauf, ein mieses Projekt zu drehen.

Eine feine Art des Lebens

Gül, 21, Anarchistin

Lebt in einem besetzten Haus in Berlin. Ich lern-
te sie auf einer Antifa-Kundgebung kennen. Ich
hielt sie zuerst für eine Deutsche und fluchte auf
türkisch über ihre mich anbellenden Hunde. In
einem sehr gebrochenen und kaum verständli-
chen Türkisch versuchte sie mich zu beruhigen.

Krieg erst mal den heiligen Bimbam innen Kopp, werd
erst mal erwaxen, sagn die Alten, aber sowas hat längst
nix mehr zu besagen, die Peilung isses, irgendwas zum
Durchbrechen der Ordentlichkeit, daß du ne olle Niete
bist und dich zu was bewegst, zum Check denk ich mal,
na ja eben der Volldurchblick, weißt, das hat nen Wert,
und ne Pfirsichhaut wird ja mal welk, was die inne Reklame eben bringen, dieser ganze Schönheitspfusch von
wegen: Nimm die Dragees und dann knallt's dir in deinen Zellen durch, ich mein, was zum Durchboxen und
Durchbringen, weil alles nen Kampfwert hat, und damit
siehst du, ob du was richtig intus hast, also ins Hirn gegangen is oder nicht, und deshalb bin ich hier mitn anderen. Im behüteten Haus sind alle allesamt Schläfer und
nicht mal ne Spur Wunsch frei ist übrig, nur n Allerlei, nur
so n zusammengeklempnertes Zeugs, und alles läuft auf
Haussegen, auf gesegnetes Brot und so und Tischgebet
und Kinderkriegen, und der olle Matsch is die Keimzelle
des Systems, und wenn ich mit Leuten unter nem Dach

leb, das is ne andere Sache, also erst mal Gegenwind, ne Gegenstruktur, also mit nem Wort: Gemeinschaft. Geld spielt ne einsame Rolle in unserem Spiel, der blöde Ernst is raus, weißt du, es geht nicht drum, also für mich in erster Linie, daß man ne Skimütze übern Kopp zieht und n Hartleiner is, und n Spruch, daß ne Sonne unterm Pflasterstein sein soll, find ich ne Subjektivkacke, ich hab nur null Bock, im Gänsemarsch innen Sarg zu watscheln, weil die Relations, weißt, die deichselt man über Kohle und Besitz, und das is eben scheiße. Ich bin in ne Bewußtheitskiste geplumpst, und da is Ulk und Fez mit drin, da is Freude mit drin, null Gewohnheitsrecht, der Stärkere sitzt im selben Boot mitm Schwachen, und wenn du draus n Haus machst, wird n Prinzip draus, eine feine Art des Lebens, und sowas zieht mich immens an. Ich will nicht nur labern, wenn ich gegen's Kapital bin, gegen gehortetes Geld, muß ich's leben in Aktionen. Ab und zu gibt's ne handfeste Geschichte, ich mein, die Faschos sind n fieses Gewimmel, und ich mitn anderen schau wo's langgeht, mach ne Front, und da is Frau wie Mann dabei, denn wir wollen die Schweine aufspüren und die trockenlegen: hartes Gericht, daß ihnen ihre Nacken knacken. Die Schinder suchen Aussatz, und wir finden die Schinder und treiben's ihnen aus. Wir reißen denen ihr dust colour ab. Für soundsoviele heißt es ja: Wenn ich leb, muß alles an mir abprallen, die kriegen ne Psychose drauf, weil die denken: Der Rest der Welt schmeißt mit großem Kriegsgerät mir meine Existenz um, und deshalb brauch ich nen Bunker. So hat jeder Scheißbürger n Psychoteil am Laufen, die laufen mit ner Riesentube Klebstoff in ihren Palästen rum und pappen jedes Ding fest und nennen es Eigentum. Eigentum, das find ich mal wirklich, is mit Leichen armer Leute

ausgestopft, n einzelner besitzt ganze Straßen oder Stadt-
teile, und Hunderte müssen echt was abdrücken, wennse
überhaupt was finden, und dagegen mußt du Aktion leben inner Gemeinschaft. Also, ich bin nicht ne brave
Türkenmutti hinterm Herd, da und dort, Ghetto und Geld-
deutschland kenn ich nicht, es ist eher ne Sache von Platt-
form, wo sich Bestimmte treffen, ne Sache von gemeinsa-
mem Interesse, also n Kopfding ist es, da strömt uns soviel reaktionäre Meinungsmache zu, die Yuppieverblö-
dung mußte erst mal knacken, was ja inner Gesellschaft
alles besetzt hat, und da frag ich mich: Haste Bock auf
die Dummerchennummer, und sag mir: Nee, da setz ich
Widerstand gegen und tu was. Und in dieselbe Sparte
paßt die Frage nach dem eigenen Stand als Immigranten-
kind, und wenn ich was gegen fremdgefügtes Schicksal
habe, dann bin ich gegen Politikmache der Bonzen hier
und gegen die Orientalklatsche meines Homelands. Ich
kenn meine Henker, weißt, klar ist n bißchen großspurig,
was ich da sag, aber es gibt so viele, die meinen, was gut
für dich ist und was deine Identität ist, und du hörst dir
den Mist an und wunderst dich, daß nix von dieser Meinung zu dir paßt, aber echt. N Kopftuch tu ich mir nicht
an, das is meine Sache, und n Yuppiemiezenrock tu ich
mir auch nicht an, weil's nicht paßt. Es paßt mir nicht in
den Kram, denn ich hab ne eigene Behauptung, und ner
anderen Türkin wird's gefallen, Karriere zu machen und
nen Typen zu heiraten. Find ich persönlich zwar scheiße,
aber das ist deren Leben, und die soll man machen, was
sie für richtig hält. Es gibt also irgendwie Positionen, wo
du selbst damit klarkommen mußt, ich hab mich fürn
Kampf entschieden!

Exzellenz ist der Aleman

Aynur, 34, Künstlerin

*Arbeitet in einer Kunstbuchhandlung als Verkäu-
ferin. Der übliche Plausch über Gott und die
Kunst. Später, in mehreren Sitzungen, läßt sie
Dampf ab.*

Den Fick, den sie haben wollten – das haben sie klump-
herzigerweis ja nie vergessen, uns all die Zeit damit
vollzutröten –, also den Alemangeschichtsfick, den sie auf
ihre Bettlaken schmierten, und sie liebeloderten trüb-
gesichtig auf der Bettkante, mit ihrem bleichen und schlaffen Arierdödel zwischen die Handteller gepackt und wie
ne nasse Nudel immer wieder und auf immer und ewig
zum Herrenmenschständer gezwirbelt, den Volltönfick,
den Alabaster- und Marmorfick, den Nach-den-Trümmern-
kommt-der-Harmoniegemächt-Fick, ja diesen verdammten
Haßerfülltsfick haben sie hinter sich gebracht, und jetzt
wollen sie grollen. Jetzt folgt der Wir-sind-wer-Gröl, in die
Winde und in die Scholle gebrüllt. Jetzt gibt's keine Bettlaken mehr, aber Wehfahnen, die sie wie in Käsewürfel in
die breite Landkarte rammen, weil plötzlich ein Mords-
licht aufgehen soll den Nichtalemanschweinen. Jetzt sollen wir klatschen, der Aleman hat was Riesentolles zu-
sammengelitten, er ist ja wieder ganz, er ist ja wieder
einig deutsch, wenn der Aleman zur Ganzheit kommt,
wird er zum Insgesichtspucker, da ist nicht mal ihr gena-
gelter Herrgott davor, der ist nun mal n Judendreck und

lange n Radieschenvonuntenriecher. Der Aleman hat jetzt Verantwortung, und ganz andere Saiten zieht er auf, jetzt ist er sowas von Nation, daß Kaffernläuse und Kanakenbrut Schuhe putzen und Absätze küssen müssen. Exzellenz ist der Aleman, der gestern noch krank vor Neid alles gesunde Volk bespeichelt hat, Vorsehungserwählter ist der Aleman, ein ganzer langer Kerl ist der Aleman und ein elender Maulaufreißer obendrein. Was er tut, ist recht und gut gelungen, was andre tun Mißwirtschaft fremder Finger. Wenn irgend ne Friseusenhelga sich nun vor mir aufbaut und vom vollen Boot schwätzt, wenn der letzte dröge Halbsäckel Moralkotze fressenplätschern läßt, weiß ich, da ist alles krautig geworden. Die scheißen uns jetzt ins Gesicht und schönsprechen die Scheiße zur adligen Eigenkotspende. Der Kaffer soll den Alemanarsch ausputzen, dafür ist er gut, das hat man ihm reingebogen, das Handwerk kann er beherrschen. Der Kümmel ist auf dem letzten Drücker, Ali dampft in allen Gassen. Doch Alemania ist für uns ne einzige Abrißbirne und wir wrackes Haus. Geh rum und stell deine Fragen, und die Kümmel werden dir sagen, was Deutschland ist: ein großes Kanak-Grab. Richter über verirrte, in andere Weiden gestolperte Schafe. Der Aleman, Seele wie dünnes Reclamheft, Gewalt gutenbergbibelstark, legt uns Kanaken ein Ei, tausend Eier ins ungetane Nest, und Gebärde wie n Sauhirt, Maulsprech wie ne Wackeltunte, läßt er abprallen den Kanak gegen sein Luxusgut Moral. Die findet nur deutsches Treiben gut, die macht alles andere schlecht und negertümelnd. Alle sind von dieser biestigen Kraft besessen, und du mußt doppeltmal biestig sein. Doppeltmal denkkategorisch sein gegen Luxuskot Deutschmoral. Doppeltmal gegen weichschwanzige Sittenstrenge über dich wachsen. Doppeltmal wehren gegen die Behauptung, n Kanak sei ne durchgetretene Bananenkiste, mit dem Wort wehren, daß der Aleman ne gemake-upte Schlechtpappe ist. Doppeltmal sagen, daß ihr Wir-sind-wer-Gröl dasselbe ist, wie wenn n Perverser Afterrosen pflückt und seinen Arschschleck tranromantisch besingt. Doppeltmal in deine eignen Gänge kommen, doppeltmal sehen, daß von jenem und alldem nur ein böser Splitter im Kloakenblut hingetrieben übrigbleibt. Moral, der Keif des Kehrdichnichtdrans, der uns mit Schimmel und Aas und Unwertleben überdeckt und denn mit Dutzendzeilenlügenschrei besetzt: Seht her, der Kaffer modert in seinem Dreck! Und so komme ich als Kanak-Weib dazu, dagegenzuhalten: In diesem Land schenkt man uns kein Friedensverhältnis, die Hänschen sind topfit hochpoliert und recken, was Glied an ihnen ist und hängt, zum Totmachstahl, auf daß Hauptsache etwas verrecke. Im Ghetto hat man uns im Sammelquartier, hat man uns, wo wir nun mal sind, und hält mal ein Aleman die Nase da rein, heißt's: Hmmm, ich rieche gar so viele Aromen. Da hat man uns im Elend wirklich herrlich was abgewonnen. Und wenn einer wagte, das Verkriechen sein zu lassen und zu gehen in die Alemanweitewelt, heißt's: Zieh dich doch etwas schneller bitte aus und erkläre dich. Zu wissen genau, daß der Spanner durch undichte Fuge dich belugt, und doch seelenruhig strippen, alle Wäsche abzulegen, den bösen Wichserblick auf deiner Möse, in deiner Möse schnappend eingefummelt zu wissen, soll deine Erwartung sein und was dich erwartet. Vor dem Mösenausschlecker, dem ganz krummen Hund, vor dem Körperschnüffler und Aufgeiler auf Frauchen zu machen, das sollst du dir gefallen lassen und ganz ganz still sein. Da hat man erst das Kopftuch abgelegt und sind fast alle Stricke gerissen dran, schon bist du Lockgut und Ware für deutsche Männer, so etwas wie ne Taiwanesin in Kanak. Rück mir bloß damit heraus, sagen die Wichser, ich will alles haarklein von dir neugiergestillt bekommen, und schon spannt sich ihr Hosenstall vor fetter Lust. Kommen welche mit Gibt-solche-und-solche oder Lern-lieben-oder-geh, oder kommen welche mit Spiel-doch-deinen-Exotenbonus-aus-Allüren, gehupft wie gesprungen. Für diese Knallchargen bist du reinstes Urlaubsland, Hula-Hula-Mädchen im Busch, und so n Supersparpaket dann direkt vor ihrer Nase, das müßte sich doch irgendwie pflücken lassen, denken die. Also dann doch doppeltmal diese Fratzen zerreißen und sagen: Menschmenschmensch, die Bombe hat zu lange im Bunker gepennt, jetzt geht sie hoch, jetzt gehen wir hoch, das kann ich dir sagen.

Viel Harmonie und viel Schiß

Suzan, 29, Dolmetscherin für Deutsch
und Englisch

Sie schrieb mich über den Verlag an. Sie warf
mir vor, in »Kanak Sprak« den typischen tür-
kischen Machismo zu verherrlichen und den
Kampf der türkeistämmigen Frauen zu ignorie-
ren. Ich schlug ihr vor, sie für das Kanaka-Buch
zu interviewen und daraus ein Protokoll zu er-
stellen.

N gebleichter Brother ausm Kongo und n Türkengirl mit
Frisierstabblondlöckchen, die haben was gemeinsam, da
ist was, was sie eint, das ist, so seh ich's jedenfalls, daß
sie den Fremdpapp da man abschludern mit nem Fremd-
mittel, was sie eben in die Finger kriegen zum Spottpreis,
n Mittel zum Abreib- und Abspülpreis, daß man halt
die eigne Rassenhemmung n bißchen innen Griff kriegt.
Wenn du minder bist, hast du ne Wahl zum Quittmachen,
und du denkst, du bist minder, weil ne Menge Spitzenpro-
dukte ja ausm Westen kommen, und in der Reklame hat n
Blondchen die Muttischürze um und rührt strahleblau im
Topf herum, also tilgst du s Schwarze und tilgst es mit
Ätzkram, und nach ner Mühsal biste ins Andere verkehrt.
So siehts aus, daß die Winner immer wie n Standbeton-
männeken sich zum Bewundern freigeben, und der Rest,
was wir verurteilt sind dazu, der Rest also kriegt die Ethno-
macke voll innen Seelenplan eingebaut, daß wir denn n

Leben lang also heiß ersehnen, wie n Blondling die Riesen-
nummer zu drehen. Das hat nen Preis, und wie! Du tust
nämlich, voll gefangen innem Rassending, das zu dir
spricht wie n großer Fickbruder, was Geheimes und was
Offenes zusammen, und das Geheime is die Rassenhemmung, und das Offene is n Schmerz, den du eben kalku-
lierst, um deine Winnerchancen bißchen auf Hochkurs zu
bringen. Der abgespackte Junk tut dir die Hölle weh, so
die Haut auf milchig zu bleichen oder s Zottelhaar auf
Antidreadlock zu fönen oder die große Nase auf Arier-
riecher zu brechen, das sind ja fatal mißliche Maßnah-
men, wo du Luscherklotten innen Müllsack pfefferst und
mal auf Biegen und dir dein Rassenmerkmal Brechen dich
innen Arierglanz reinpuhlst. Da wird man fragen dürfen,
an wen oder was diese Verstellaction adressiert is und
wer da wohnt, wo du dich anmeldest, und nun klopfst du
anner Pforte. Na gut, die Scheißpforte geht dann wohl
auch auf, und da steht also so n heißes Idol, das Traum-
milchgesicht, der Traumweißarsch, und sieht da n Semi-
tenei, das also inne Kammer reinwill, und das Ei hat sofort nen Namen: rassenschändlich. N Kümmelboy mit
Prollmatte und nem Elvishemd und Gold als Reichmann-
abzeichen, und der Anblick haut da man überhaupt nicht
hin. Das wiederum is schon n Gewinn, daß die Schose
hinten und vorne und oben und unten nicht stimmig is,
also daß der Weißarsch anner Pforte so was widerlich findet, weil's ins Schönheitsbild von Aleman nicht paßt, das
hat denn wirklich Klasse. Sowas is wie n Schiß inne Harmonie, die hier ja gängig is: viel Harmonie und viel Schiß.
Je mehr Schiß vonnen Kanaken kommt da in diese
Alemanglamour, na, je besser also. Aber der Haken is,
daß son Kümmel mitm abgegespackten Junk richtig nen

Fön kriegt, weil der Massa, der läßt ihn nun mal nicht rein, der Massa sagt: Das is so ne Geschmackssache. Und im besten Fall sagt der Massa: Tut mir leid für dich. Und der Massa sagt ganz gescheit: Hör mal, du mußt irgendwie zurück zu deinem Ursprung, also Anatolien und so. Wir müssen unsern Junk trennen, damit ne Kultur draus wird! Und dann läßt er den armen Hunztypen draußen im Unwetter stehn. Und nun fragt der Kümmel, was in Gottes Namen is, und ringt um ne bittere Antwort für ne Frage, die ja kein Schwein gestellt hat. Die Frage is vonnem Alemanhimmel gefallen und wird zu nem Oberhauptproblem. Und hier fängt denn alle Irrung an, alle Fehlleitung, weil statt mal durchs Fenster inne Tempel vom Blondling einzusteigen und nach ner kräftigen Prüfung die Bude als n Einsamkeitsgeschwür zu sehen, wird der Kümmel fies erschüttert, als hätte Gottunser ihm ne Watschen rechts und links gedonnert. Massas Sprech is n Donnerwort und is gültig in ewig amen! Da gibt's die Type, die an sich runterschaut immer und immer wieder und im Heuljammer seinen Schmackes abholt, und irgendwann hat der Heulkümmel Massas Weisspruch entdeckt: Massa will, daß die Rüden gezähmt sind, gewendet zum Glamourguten. Also hab ich's vermasselt, weil mir mein Rassebrechen nicht ne treffliche Hinwendung war zum Blondchen. Von so ner bekloppten Idee holt sich die Type seine geile Zündung, und sein Leben wird zu ner Gruselaction. Die Type wickelt haargenau ab, was Aleman abwickelt, und nachts kann er im Kanakbett ruhig schlafen, wenn er s Massading draufhatte fürn paar Stunden. Da gibt's die Typen, die ihr Heimatsprech ablagern zum schlechten Junk, die aus ner gerichteten Nase bluten inner Kanakfresse, die sie ihr Leben lang nicht wegbrechen können, aber Alemans Sachverstand hat ja nen Weg gezeichnet, und auf diesem Kümmelschleich- und Verdirbpfad geht's lang, und da is alle Tugend. Sünde is, von dort abzukommen, denn rechts und links is Türkendickicht, Rassendunkel und Rassengefahr.

Und dann die andre Sorte von untertänigst Alemanbefolger, die werden, wenn die Tür da zufliegt, und sie kommen da man nicht inne Alemanloge rein, die werden also zu Türkenbombern, zu so Ekelpaketen, die sagen: Mann, ich bin ne ganz wilde Heikelnummer, ich bring's fertig und zerfetz jede Pussy, wo mir vorn Schwanz kommt. So n Crack is denn plötzlich n Halbmondfreak mit ner undichten Stelle, und die is in seinem Hirn, da leckt die Folk-Sülze raus, und die Type kleckert sein Wanzenleben damit voll, und mit Voll-Macht kracht er durch die Tür und kracht durchn Hinterausgang wieder raus, und wenn er nicht gestorben is, rennt er heut noch rum und kracht in jedem Haus genau zweimal: rein und dann raus, und mehr is nicht. Sowas is natürlich ne ausgewachsene Niete, der hat sich den Gescheit-Spruch des Aleman richtig gemerkt, und der heißt: Mach mal ne Runde Ursprung, mach mal ne Runde Kultur. Die Type heizt und prescht auf der Suche nach nem Tierpark für Türkenwild, und dort will er mal ganz fett grasen als Hirsch und ab und zu röhren: Heyhallo, ich hab die Kultur, ich mampf s Zeug, und s Zeug is Gras.

Wo steht man selbst? Nur n Kritikbeißer zu sein, das bringt's nicht allein. Alemania: Das riecht schmeckt sieht aus wie n frischer Minzlutscher, wie n ekliges Rachengold, wo du man reinpfeifst, und du bist dann im besten Verhalten und in festem Scheißgeist, und also davon wird mir nur übel, ist klar, daß so ne Nordung nicht drin ist.

Die Alemanloge is n Baukasten, auch wenn ne schnieke
Pforte weismachen soll: Hier drin wird piekfein und ehr-
bar gewohnt, hier drin haben wir ne Majestätspracht.
Was da alles aus der Alemanbude rausquillt an Mensch
sieht nicht nach Menschenglück aus, da trau ich eher
meinen Augen als so nem Wohlstandswerbespruch, der
mich inne Parklücke einweist. Was aus der Klassiktürk-
küche rausdampft, das ist auch nur irgend ne Zeit, die
hinter mir liegt, und mit schwammigen Souvenirbildern
aus ner Oriental-Volxküche kann ich mir weder n Appel
noch n Ei kaufen. Ich setz mich in ne Nische, da sind zehn
Verstecke, und in jedem Versteck hundert Baumhöhlen,
und in jeder Baumhöhle ..., naja, kannst jedenfalls abha-
ken bei mir von wegen ein einziger Wohnsitz.

Kämpfen oder Klappe halten

Mihriban, 30, Gemüseverkäuferin

Nach einem kleinen Zwischenfall im Laden, wo-
bei ein deutscher Kunde sie beschuldigte, Ware
von minderer Qualität zu verkaufen, kamen wir
ins Gespräch.

Ich bin in dieser Stadt geboren, hier aufgewachsen, habe
hier geheiratet, arbeite hier und ziehe meine Kinder hier
groß. Eigentlich sollte ich mich hier zu Hause fühlen. Tu
ich aber nicht richtig. Ich wollte auch nie in der Türkei
leben. Ich weine nicht herum, daß ich keine Heimat habe,
wie so viele andere. Ich finde das lächerlich. Ich mag es
nicht, wenn die Leute herumheulen, weil sie etwas nicht
haben. Entweder muß man es sich beschaffen, oder man
findet sich damit ab, daß man es nicht hat, und hält die
Klappe.

Ich kann dieses Verhalten nachvollziehen. Schließlich
habe ich auch mal so ähnlich gedacht. Das sage ich nicht
nur so, damit ich als die Schlaue dastehe, die zu einer
Einsicht gelangt ist.

Ich habe mich oft gefragt, warum ich mich hier nicht
richtig zu Hause fühle. Ich schaute mir die Türken in der
Türkei an. Es geht ihnen gut. Sie wissen, wo sie hingehö-
ren, und sie verbindet eine Zugehörigkeit. Sie können
sagen: »wir gehören hierher«. Wenn sie das sagen, guckt
keiner blöd und widerspricht ihnen. Warum auch? Sie
sehen alle irgendwie türkisch aus, falls es so etwas gibt.

Da sagt einer, er lebt schon lange in der Türkei, er spricht türkisch, hat einen türkischen Paß und behauptet, er sei Türke, dann wird das auch stimmen. Zumindest fragt auch keiner so genau nach. In Deutschland ist es ähnlich mit den Deutschen: Da sieht einer einigermaßen deutsch aus, spricht ganz gut deutsch, verhält sich auch einigermaßen deutsch und hat einen deutschen Paß, dann gibt es auch hier keine Probleme. Es wird interessant, wenn jemand zwar hier geboren und aufgewachsen ist und Deutsch spricht, aber gar nicht aussieht wie ein Deutscher und sich gar nicht so verhält wie einer, aber trotzdem behauptet, er wäre Deutscher: Dann kann er seinen deutschen Paß noch so hochhalten. Ihm glaubt keiner so richtig, und alle gucken ein bißchen blöd, egal, ob sie das gut finden oder nicht.

Wenn Sie in einem Haus dafür sorgen, daß der Kühlschrank voll ist, immer schön Lebensmittel anschaffen, aber wenn es dann darum geht, den Kühlschrank zu öffnen und sich etwas zu essen herauszuholen, blöd angeglotzt werden, können Sie sich da zu Hause fühlen? So fühle ich mich hier. Aber ich jammere nicht.

Vor Jahren habe ich mir gewünscht, meine Eltern wären nie hergekommen. Dann wäre ich jetzt in der Türkei und wäre bei »meinen Leuten«. Jetzt sind es natürlich nicht »meine Leute«, aber sie wären es, wenn ich immer dort gewesen wäre. Diese Möglichkeit hätte sich nur in der Türkei ergeben, denn nur, wenn jemand immer in dem Land bleibt, dessen Kultur er übernimmt, dessen Sprache er spricht und dessen Menschen er ähnlich sieht, hat er eine Heimat. Aber wer hat heutzutage eine Heimat? Das ist ein altmodisches Wort.

Jeden hat es von einem Ort zum anderen verschlagen.

Sogar die Deutschen wandern aus. Da sagt keiner »Wirtschaftsflüchtling«. Sie wandern aus weit luxuriöseren Gründen aus als andere. Was weiß ich, weil das Wetter hier so schlecht ist oder weil die Menschen hier so unfreundlich sind. Wenn jemand aus solchen niederen Gründen auswandert, ist er »Edelmigrant«. Wenn jemand um seine Existenz kämpft, dann ist er »Wirtschaftsflüchtling« oder hungriger Schmarotzer.

Heute brauche ich keine Heimat. Ich habe mich davon befreit. Was machen die Leute, die eine Heimat haben? Geht es ihnen besser? Ich sehe, daß das im Leben eines Menschen nur die Bedeutung hat, die man ihm gibt. Ich gebe einfach nichts mehr darum, Schluß aus! Ich verschwende meine Kraft nicht damit, um etwas zu trauern, was ich nie hätte haben können.

Ich habe wahrscheinlich Glück gehabt. Ich habe vier weitere Geschwister, ich bin die jüngste und die einzige, die hier geboren ist. Ich wurde, glaube ich, etwas verwöhnt. Meine Eltern ließen mir mehr durchgehen als meinen anderen Geschwistern. Ich hatte auch immer meinen eigenen Kopf. Das war manchmal gut, aber manchmal auch schlecht.

Ich habe die Realschule beendet und eine Lehre als Einzelhandelskauffrau gemacht. Nichts Besonderes, aber hier wird darauf geachtet, ob jemand eine Lehre hat oder nicht. Hauptsache, man kann irgend etwas nachweisen. Wenn man mitmachen möchte, muß man die Spielregeln kennen. Sonst schmollt man in der Ecke.

Ich sehe das als Aufrüstung. Alles an Wissen kann nützlich sein. Nicht umsonst heißt es »Wissen ist Macht«. Ich gucke immer deutsche und türkische Nachrichten oder Dokumentationen. Ich möchte wissen, wie es in der Welt aussieht. Ich möchte mitreden können, wenn es darauf ankommt. Meine Familie macht manchmal Witze mit mir. Sie nennt mich »Frau Professorin«. Aber ich glaube, daß die es gut finden, wie ich mich damit beschäftige. Ich will nicht von anderen etwas dafür bekommen. Das mache ich nur für mich und für meine Kinder.

In dieser Gegend wohnen fast nur Türken. Der Gemüseladen gehört meinen Eltern. Meine älteren Geschwister hatten alle schon eine Arbeit, als mein Vater zu alt zum Arbeiten wurde. Da habe ich den Laden mit meinem Mann übernommen. Die Geschäfte laufen gut. Gemüse braucht jeder. Wir verkaufen nichts anderes, und hier ist alles frisch. Deswegen kaufen auch viele Deutsche bei uns ein. Die älteren fühlen sich wie in alten Zeiten, als es keine Supermärkte gab. Sie kommen und bleiben länger als nötig. Sie erzählen Geschichten und fragen nach Rezepten. Wahrscheinlich leben sie allein und langweilen sich. Allah kimseyi bu hale düşürmesin. Gott soll niemanden in diese Lage bringen. Manchmal habe ich nicht so viel Zeit. Dann sage ich meinen Kindern, sie sollen sich um die Leute kümmern. Ältere Menschen sind wichtig in jedermanns Leben. So wie sie sich einst um uns kümmerten, so müssen wir uns um sie kümmern, und so soll es uns später auch ergehen.

Es gibt auch jüngere Deutsche, die herkommen und im Laden verweilen. Ich habe am Anfang nicht verstanden, warum sie uns beobachteten. Ich dachte anfangs, sie kämen, um uns zu kontrollieren, ob wir alles richtig machen. Ich hatte dann besonders darauf geachtet, daß alles sauber und aufgeräumt war. Aber sie waren nicht zum Kontrollieren da. Sie wollten sehen, wie wir leben, wie wir sind.

Es ist schon komisch mit den Deutschen. Sie kommen und beobachten stundenlang, aber wenn man sie anredet, dann laufen sie ganz schnell raus. Ich habe das nie verstanden, bis ich mich gefragt habe, warum sie ausgerechnet hierherkommen und uns beobachten, manchmal zu zweit, manchmal auch allein: Wir sind für sie eine Abwechslung. Es ist wie Fernsehen für sie. Jetzt überleg dir mal, dein Fernseher redet mit dir. Spaß beiseite, ich glaube wirklich, daß wir für diese Leute eine Art Unterhaltung sind. Für uns ist es normal, wie wir sind. Aber für sie ist es so interessant, wie wir Tee kochen oder aus welchen Gläsern wir Tee trinken, wie wir miteinander reden, wie wir uns verhalten. Alles ist neu. Vielleicht wie Urlaub. Nur ein paar Meter von ihrem Haus entfernt gibt es eine andere Welt. Ich glaube nicht, daß sie dazugehören wollen. Dafür ist es vielleicht zu anders.

Es gibt auch welche, die trinken einen Tee mit uns. Sie reden mit den Kindern und stellen ihnen Fragen. Sie wollen etwas Neues entdecken.

Meine Kinder sind hier geboren und hier aufgewachsen. Sie gehen in eine deutsche Schule, sie sprechen besser Deutsch als Türkisch. Aber trotzdem suchen diese Leute nach einem Unterschied. Das wollen sie dann weitererzählen, von wegen »ich hab mit einem türkischen Kind gesprochen, und das war so anders; ich habe dies und das entdeckt«.

Von jedem von uns wird eine Abenteuergeschichte erwartet. Wie jeder in dieser Gesellschaft haben auch wir bestimmte Funktionen und Eigenschaften, und zwar als ein Ganzes. Zu unseren Eigenschaften gehört eben auch, daß wir interessante Geschichten über unser Leben erzählen können. Letztens wurde ich gefragt, ob wir hierher geflohen seien. Da war jemand ganz scharf auf eine Fluchtgeschichte, wie sie im Bilderbuch steht. Ist ja in jetzt, wo alle von der Flucht aus der Türkei reden. »Nein«, habe ich gesagt, »wir sind weder geflohen, noch haben wir in der Türkei gehungert. Wir sind schlicht und einfach eingewandert.« Das ist die Wahrheit, und alle müssen diese Wahrheit akzeptieren. Es gibt hier viele Ausländer, die Geschichten erzählen können, daß einem ganz anders dabei wird. Aber es gibt mindestens genauso viele, die hier leben, ganz normal. Sie haben nichts Außerordentliches zu berichten, und ihr Lebenslauf liest sich wie der eines Deutschen, nur der Name ist nicht deutsch und vielleicht das Gesicht. Das soll aber nicht heißen, daß wir wie die Deutschen sind.

Man kann es nehmen, wie man will: Wir werden nie ein Teil der deutschen oder der türkischen Gesellschaft sein. Wir können höchstens der Teil unserer eigenen Gesellschaft sein. Für uns ist nichts vorbereitet. Wir müssen um alles kämpfen, was wir haben wollen: um Aufenthalt, um Sprache, um Bildung, um Staatsbürgerschaft, um Anerkennung, um Respekt, um alles. Und wollen wir eine Heimat, dann müssen wir sogar darum kämpfen. Es bringt nichts, die Leute zu beneiden, die das alles in die Wiege gelegt bekommen haben. Man hat ja nicht mehr Geld, weil man die Reichen beneidet. Kämpfen oder Klappe halten. Eine andere Möglichkeit gibt es nicht.

Es ist wie bei jeder anderen
Sünde auch

Banu, 33, Barfrau

*Im Zug auf dem Weg nach Kiel getroffen. Sie bat
um eine Zigarette. Nach einer Weile kamen wir
ins Gespräch. Sie verriet mir, daß ich sie an einen
ihrer Liebhaber erinnerte. Es lief mir kalt den
Rücken runter, als ich erfuhr, daß er denselben
Vornamen hatte wie ich. Ich mußte aussteigen,
aber sie versprach mir, ihre Geschichte irgendwann zu erzählen. Nach dieser ersten Begeg-
nung trafen wir uns regelmäßig in der Bar, in der
sie arbeitet, und sie erzählte mir nicht nur eine
Liebesgeschichte.*

Es gibt Menschen, die haben Glück im Leben. Ich habe
kein Glück gehabt. Şansım olsaydı, anamdan erkek doğar-
dım. (Hätte ich Glück gehabt, hätte meine Mutter mich
als Jungen auf die Welt gebracht.) Kader işte, biz de
buralara düştük. (Es ist wohl so vorgesehen, daß es uns
hierher verschlug.)

Ich bin nicht dümmer als andere, die ihre Familie haben, einen Mann, der bei ihnen ist, was weiß ich. Vielleicht wäre das auch kein Leben für mich. Alle haben ihre
Leiden, alle Frauen. Das ist nun mal ihr Schicksal. Egal ob
Hausfrau oder Barfrau.

Ich wurde hier geboren. Nach der Grundschule zog ich
mit meiner Mutter und meinen Brüdern in die Türkei zu-

rück. Mein Vater wollte, daß wir dort aufwachsen. Sobald er genug Geld gespart hatte, wollte er für immer in die Türkei zurückkehren. Wir hatten dort ein kleines Haus und einen kleinen Laden.

Ich hatte die Türkei gehaßt. Ich habe meine Mutter angefleht, damit sie mich nach Deutschland schickte. Alles war fremd, die Sprache, die Leute, die Häuser. Das war eine schlimme Zeit. Die Militärdiktatur damals. Wir konnten nicht aus dem Haus. Hier ist alles erlaubt. Jeder darf machen, was er will. Aber hier will nachts niemand raus. Außer so Nachteulen wie wir vielleicht.

In diesem Laden wird viel gespielt. Das sind nur Ausländer hier. Die meisten Türken, aber auch viele Griechen und Marokkaner. Wie viele Familien sind hier kaputtgegangen? Wie viele haben hier schon alles verloren? Und dann lande ausgerechnet ich hier. Ich sage doch, Schicksal.

Hier laufen auch große Geschäfte. Ich weiß alles, was läuft, aber ich kann das nicht erzählen.

Der Boss ist ein netter Kerl. Er hat mir das Leben gerettet. Ich nenne ihn Bossi. Aber nur, wenn's niemand hört. Er hat mich aufgenommen. Ich hatte nichts, der Mann im Gefängnis. Ich schulde ihm sehr viel.

Ich bin von der Hauptschule abgegangen. Es war zu spät, als ich wieder hier war. Ich habe viel geweint, sehr viel. Aber weinen bringt nichts. Deswegen hat Gott Frauen das Weinen gegeben. Sie haben sonst nichts.

Meine Mutter hat auch viele Tränen vergossen. Aber was konnte sie schon tun? Was können wir schon tun? Andere haben schon alles bestimmt für uns. Wir müssen es akzeptieren.

Das Glück hängt an einem dünnen Faden, dünn wie eine Minute oder ein Gedanke. Wäre mein Vater damals nicht in das türkische Café gegangen, dann würde ich jetzt nicht hier sein, mit all diesen betrunkenen Männern, dann wäre ich vielleicht in der Türkei in meinem Heim, mit einem guten Mann und Kindern. Das weiß man nicht.

Mein Vater war ein guter Vater. Er hat sehr viel gearbeitet. Aber der Teufel hat auch ihn verführt, wie all diese Männer hier. Die meisten hier haben Frau und Kinder zu Hause. Mein Vater war allein. Deutschlands Einsamkeit können nicht viele aushalten. Auch die türkischen Cafés sind Teufelshöhlen, noch schlimmer als Bars. Viele Männer kommen zum Beispiel hierher, nur um Spaß zu haben. Es gibt wenige Frauen, die ihre Männer halten können, nachdem sie Kinder bekommen haben. Männer müssen nicht treu sein. Das steht nicht in ihrem Buch.

Mein Vater hatte nichts mit Frauen. Er hat Männer, die in Bars gehen, verachtet. Er ist ein Familienmensch. Er wollte nur noch die Abfindung kassieren und zu uns kommen. Meine Mutter hat sofort einen Verdacht gehabt, als er nicht kam. Sie sagte, da ist eine Frau im Spiel.

Mein Onkel hat seine Familie nie nach Deutschland geholt, weil er hier mit einer deutschen Frau lebte. Er hat sogar zwei Kinder mit ihr. Er schickt Geld in die Türkei, daß seine Frau und Kinder leben können, aber er hat sie seit 15 Jahren nicht gesehen. Halime Yenge hat viel geweint, aber sie konnte auch nichts tun von dort aus. Also beugt sie sich ihrem Schicksal und wartet immer noch darauf, daß ihr Mann zurückkommt. Aber ich gebe es dir hier schriftlich: Er geht nie zurück.

Die deutschen Frauen, sie sind nicht so wie wir. Sie lernen alles von klein auf. In der Schule schon wird alles gezeigt. Sie wissen, wie sie ihre Männer halten können. Sie kennen keine Jungfräulichkeit. Die jungen türkischen

Männer vergnügen sich mit deutschen Mädchen, sie sehen alles bei ihnen. Zum Heiraten wählen sie eine türkische Jungfrau aus. Aber sie sind an die Deutschen gewöhnt. Ihre Frau reicht nicht aus. Ach, heutzutage ist das auch wieder anders. Wenn ich die jungen türkischen Mädchen sehe, bin ich mir über nichts mehr sicher. Nicht so wie bei mir.

Ich bin blind verheiratet worden. Ich war 17 Jahre alt und hatte von nichts eine Ahnung. Ich konnte meinen Mann nicht angucken. Ich hatte viel geweint in der Hochzeitsnacht. Orhan, mein Mann, ist dann rausgegangen. Er kam gegen Morgen zurück. Ich hatte mich so geschämt, aber ich weiß nicht, ob am meisten für das Weinen, am meisten, weil ich nicht wußte, was ich machen mußte, oder am meisten, weil ich mit einem Mann schlafen würde. Ich habe dann gedacht, daß bis dahin alle Frauen es geschafft hätten. Ich war ja nicht die erste. Ich saß immer noch auf dem Bett. Dann habe ich meine Augen geschlossen. Ja, ich habe immer die Augen geschlossen. Haben sie uns denn erlaubt, sie zu öffnen? Şimdi maymunun gözleri açıldı, ama artık çok geç. (Jetzt hat der Affe die Augen geöffnet, aber es ist zu spät.)

Ich habe zu früh geheiratet.

Ich saß zu Hause herum, nach der Schule, keine Arbeit. Ich habe die Hauptschule nicht geschafft, obwohl ich in der Türkei nicht schlecht war. Ich ging zur lise, zur Oberschule. Aber hier ist die Schule ganz anders. Mein Deutsch war zu schlecht. Ich wollte die Schule in der Türkei zu Ende machen, aber mein Vater wollte nicht, daß ich als Mädchen dort allein blieb. Er sagte, daß meine Großeltern zu alt waren, um auf mich aufzupassen.

Eigentlich war es der Wille meiner Mutter, nach

Deutschland zurückzukehren. Sie wollte meinen Vater nicht mehr allein lassen. Nicht wegen der Frauen. Aber die Einsamkeit hatte aus meinem Vater einen Spieler gemacht. Am letzten Abend, bevor er mit dem Gesparten und der Abfindung in die Türkei flog, hatte er alles verspielt. An einem Abend das ganze Leben verspielt. An einem Abend unsere Zukunft, unser Glück verspielt. Er ist unser Vater. Ohne ihn wären wir gar nicht da. Das sagt man so. Ich weiß, es ist eine Sünde, aber ich frage mich, ob es nicht besser gewesen wäre.

Dieser Ort ist schon komisch. Meine Füße gehen rückwärts, wenn ich hierher komme. Wenn ich aber drin bin, dann ist es so, als wäre ich nie woanders gewesen. Und wenn ich nach Hause gehe, bereue ich, daß ich jemals dort war. Es ist wie bei jeder anderen Sünde auch: die Angst davor, das Normale dabei und die Reue danach.

Ich nenne diesen Laden »Bar«. Ich kann irgendwie nicht »Kneipe« dazu sagen. Das hört sich so deutsch an. Hier ist nichts deutsch. Außer den Gläsern und dem Bier. Es ist amerikanisch eingerichtet. Bossi war mal in Amerika. Da hat er die Idee gehabt, eine Bar aufzumachen. Er hält das für sehr klug. Als ob er dafür den Nobelpreis bekommen hätte. Billigster Kram überall. Aber was wollen diese Leute mehr? Für sie reicht es. Am Wochenende quillt der Laden hier über. Deutsche kommen auch manchmal.

Deutsche Männer: Das ist ein Kapitel für sich. Ich werde mal offen reden: Sie halten sich ja für die Größten, wenn sie das schon nicht mehr über ihre Ottos denken. Das steht in den Statistiken, die Neger haben die größten. An sowas glauben die, das ist ihre Bibel. Aber sie denken, sie wären die Besten im Bett. Fehlt nur noch, daß sie Geld dafür verlangen, machen einige sogar, ich meine von Frauen. Es ist kein Wunder, daß so viele deutsche Frauen mit Ausländern zusammen sind. Ich sage nicht, daß Türken bessere Liebhaber sind, obwohl das fast alle türkischen Männer denken und auch noch behaupten. Die meisten von ihnen sehen, daß sie fertig werden. Sie sind egoistisch. Was die Frau spürt, ist ihnen egal.

Die Frauen müssen sich immer beherrschen, heißt es. Ein türkisches Sprichwort sagt, »eine Frau hat neun Begierden und kann sie alle beherrschen, ein Mann hat eine Begierde und kann sie nicht beherrschen«. So sind wir erzogen worden. Und, haben wir eine Medaille dafür gekriegt? Nein, höchstens einen Tritt in den Arsch. Ich habe mich immer zurückgehalten, mir alles gefallen lassen, immer die Klappe gehalten. Ich dachte, ich wäre dadurch ein besserer Mensch. Ich bin zu spät aufgewacht. Wen kümmert's jetzt, ob ich mich zurückhalte oder nicht? Aber trotzdem, ich lebe mit meinem jetzigen Wissen, egal, wen es kümmert. Aber früher, da hätte ich eine Chance gehabt, etwas durchzusetzen. Heute bin ich niemandem mehr so wichtig, daß er etwas für mich tun würde. Das ist der Unterschied.

Hätte ich eine Tochter, dann würde ich ihr alles erzählen, was ich in diesem erbärmlichen Leben gelernt habe. Aber ich habe keine Tochter. Das schlimmste ist, das Gelernte nicht weitergeben zu können. Je älter der Mensch wird, desto mehr möchte er von seinen Erfahrungen erzählen. Aber es müssen nicht die eigenen Kinder sein. Ich erzähle es hier, damit auch andere etwas von meinen Tränen haben und von meinen Schmerzen. Keine Geheimnisse mehr.

Man wird sich fragen, woher ich das so genau weiß. Ich bin keine Nutte oder so. Ich meine, die tun auch ihren

Job, und der ist nicht schlechter als der des Barkeepers. Vielleicht noch besser. Sie machen wenigstens nicht besoffen.

Was ich weiß über Männer, können Nutten nie erfahren. Ich bin eine Barfrau. Die Männer kommen nicht zu mir, um zu bumsen. Sie wollen sich amüsieren, sie wollen, daß ich sie unterhalte. Sie können mit mir machen, was sie mit ihren Frauen oder mit Nutten nicht machen können. Meistens höre ich zu und beobachte sie. Sie erzählen, wie toll sie sind und was sie alles geschafft haben in ihrem Leben. Ich denke immer, warum sie das alles ausgerechnet einer Frau erzählen, die dafür bezahlt wird, ihren Lügengeschichten zuzuhören. Das sage ich natürlich nie laut. Ich bin eine Art Schauspielerin. Einige Deutsche halten sich auch noch für charmant. Das sind die Schlimmsten. Ich bin ihre Übungspuppe. Sie versuchen mal das, mal dies, aber in den Übungspausen lassen sie mich immer wissen, daß ich eine türkische Barfrau bin. Sie lassen keine Gelegenheit aus, um klarzumachen, daß Frauen es bei den Türken schlechter haben als bei den Deutschen. Das schlimmste ist, daß ich ihnen nicht widersprechen kann. Man hört die Wahrheit nicht immer gern, obwohl man sie kennt.

Es stimmt, daß Deutsche ihre Frauen nicht so schlecht behandeln wie Türken. Sie behandeln auch ihre Kinder besser. Sie schlagen sie nicht so oft. Die Kinder bekommen alles, was sie zum Leben brauchen. Aber meistens fehlt ihnen das Wichtigste: das Streicheln, und das fehlt ihnen bis ans Ende ihres Lebens. Die deutschen Männer sind vielleicht gute Liebhaber, vielleicht haben sie Tricks und Techniken gelernt, vielleicht können sie den Frauen guten Sex geben. Aber streicheln kann man nicht lernen, mit Gefühl streicheln, nicht wie einen Hund oder eine Katze oder ein Stofftier. Wie einen Menschen streicheln. Mir hat noch nie ein Mann gesagt, daß er mich liebt. Nicht richtig, oder so, daß ich es ihm geglaubt habe. Aber ich weiß, daß es anders ist, wenn ein Türke liebt. Die Männer machen dann alles für ihre Geliebte. Sie töten sogar. Das ist eine starke Liebe. Da kann nichts zwischen kommen und niemand. Vielleicht dauert sie nicht so lange, aber wenigstens weiß man, daß man so stark lieben kann. Aber wenn man nie richtig geliebt wurde oder geliebt hat, dann hat man das schönste am Menschsein nicht erlebt. Dann ist man taub und stumm und blind.

Ich hab hier lieber Ausländer. Sie haben vielleicht nicht so schöne Ausdrücke und wollen nicht die Gentlemans spielen. Aber bei ihnen habe ich wenigstens nicht das Gefühl, eine zweitklassige Barfrau zu sein, eine Nutte, die nicht fickt oder so. Da ist man unter sich, jeder weiß um den anderen Bescheid. Da macht man sich nicht lange etwas vor. Man kommt eben zusammen, weil jeder hier seine Aufgabe hat, und keiner ist besser oder schlechter. Die Leute kommen und gehen, und jeder macht seinen Teil. Wie in einer Familie. Nur es ist keine Liebe da, und jeder ist ersetzbar. Wäre ich nicht hier, käme eine andere an meine Stelle. So einfach ist das.

Eigentlich ist das traurig. Ich würde weinen, wenn ich darüber nachdenken würde. Aber ich mache das nicht.

Ich habe keinen Kontakt zu meiner Familie. Sie wollen mich nicht mehr sehen. Sie denken, nur weil ich hier arbeite, bin ich nicht mehr ich. Als hätte ich nie an meiner Mutter Brust gesaugt, als wäre ich nie ein Kind gewesen, als hätte ich nie mit meinen Brüdern gespielt.

Mein jüngster Bruder ruft mich manchmal an und fragt,

wie es mir geht. Er erzählt mir über die Familie. Er macht das heimlich. Aber er gibt mir nicht seine Telefonnummer. Er sagt immer, er ruft aus der Telefonzelle an. Buna da şükür. (Auch dafür bin ich dankbar.) Er könnte ja auch gar nicht anrufen.

Für sie bin ich eine, die vom Weg abgekommen ist. Heißt das jetzt, daß sie auf dem richtigen sind? Das weiß man nicht. Das weiß nur Gott, und der wird später entscheiden.

Eine traurige Geschichte, nicht?

Ja, was könnte man über eine wie mich sagen? Eine, die vom Schicksal getroffen wurde? Oder vom Teufel verleitet?

Wer oder was ist daran schuld? Kader? Alın yazısı? (Schicksal? Vorsehung?)

Wie würdest du das nennen? Pech?

Wer schlau ist, stellt sich auf unsere Seite

Çağıl, 27, Studentin

Als sie von dem neuen Buchprojekt hörte, schaute sie etwas beleidigt drein. Sie sagte, daß halb Deutschland schon von mir interviewt worden wäre, nur sie noch nicht: Sie würde es mir schon zeigen. Beim nächsten Treffen legte sie mir das von ihr selbst verfaßte Protokoll auf den Tisch.

Als Kind dachte ich, die Deutschen würden alles richtig machen. Ich war zehn Jahre alt, als ich nach Deutschland kam. Alles war hier sauberer, bunter, vielfältiger, ordentlicher. Spielmöglichkeiten ohne Ende, Bäume in Mengen. Ich dachte, wenn ich erst die richtigen Freunde finden würde, könnte dieser Ort zum Paradies werden. Letzteres stellte sich nicht ein. Ich dachte, daß nach dem Erlernen der deutschen Sprache viele Probleme sich von selbst lösen würden. Ich überschlug mich, paukte, was das Zeug hielt, und je mehr ich lernte, je mehr ich verstand, desto länger erschien mir der Weg, den ich vor mir hatte. Ich hatte damals immer gedacht, daß ich es sein mußte, mit der etwas nicht stimmte. Ich versuchte, alles so zu machen wie die anderen, und trotzdem war irgend etwas anders, und das schien die Leute zu stören. Irgendwann gab ich es auf, mich um ihre Nähe und Anwesenheit zu bemühen. Sie waren zu gut für mich. Das mußten sie sein, die Kinder einer, in meinen kindlichen Augen, perfekten Gesellschaft, die zu Recht eine naturgegebene Arroganz in die Wiege gelegt bekommen hatten.

Die Jahre vergingen, und je mehr ich mich weiterentwickelte, desto kleiner wurden diese von mir so bewunderten Menschen. Ich habe den Respekt vor ihnen schon längst verloren.

Lange Zeit war ich sehr resignativ. Ich dachte: »Was kannst du schon machen, wenn die am Drücker sind? Sie sind in der Mehrheit, es ist ihr Land, sie haben die Macht. Wenn du Macht willst, mußt du in dein eigenes Land.« Jetzt denke ich anders drüber: Es gibt nicht »mein Land, dein Land«. Wir leben hier lange genug, daß wir niemandem eine Rechenschaft über unseren Aufenthalt, unsere Lebensweise, unsere Erfolge oder Mißerfolge schuldig sind. Wir werden uns hochhieven, und wenn wir dann auf gleicher Höhe sind, geben wir ihnen den Ruck, den sie nicht erwarten. Der unsanfte Niedergang der Überheblichen wird längst verdient kommen.

Ich hatte so viel Zeit, die Deutschen zu beobachten. Eine Zeitlang habe ich mich sehr über die Unfreundlichkeit geärgert, mal über die Grobschlächtigkeit, mal über mangelndes Feingefühl, mal über die mangelnde Flexibilität. Aber als Beobachterin vergeht der Ärger, die Wahrnehmung verschärft, und die ganze Situation stellt sich als Neuigkeit dar, obwohl sie vielleicht schon bekannt ist.

Das deutsche Leben findet in Gruppen statt, zu zweit, zu dritt, zu fünft, wie auch immer. Aber es steckt nicht an. Zähflüssig wie Teer, ich kann nicht draufstehen, kann nicht durchschwimmen. Kann nur froh sein, wenn ich mein Steinchen finde, auf das ich mich stellen kann. Und ich frage mich, warum machen die Leute es sich so

schwer? Sie lassen sich auch nicht anstecken vom Ge-
hibbel. Sie meiden es wie die Pest. Ihre Gesellschaft läßt
den Affenhaufen vermissen, dessen Unruhe in die Glie-
der fährt und alles tot erscheinen läßt, was nur einen
Moment steht. Ein Gehirnsturm löst sich, und von Gedan-
kenregen durchnäßt bewege ich mich. Aber hier klebt
alles an der alltäglichen Regungslosigkeit.

Es gibt soviel Freiraum, und trotzdem quetschen sich
alle nebeneinander in die Ecke. Man möchte fragen,
»kommt noch wer?«. Da kommt also der gute Kanake,
stellt sich mitten rein, und während er sich fragt, warum
die Leute so Spalier stehen, wird er im nächsten Moment
auf seinen Platz verwiesen. Schließlich gehört jeder ir-
gendwohin und der Kanake am besten ganz nah an die
Abschußrampe.

So wird hier ein- und aussortiert, und die Stücke, die zu
klein, zu groß oder zu bunt sind, kommen an die Seite.
Der Ausschuß formt sich aber langsam zu einem Mosaik
zusammen, das die grauen, eine Maßeinheit mal eine
Maßeinheit großen Stücke daneben ganz schön verblas-
sen läßt. Und wenn sie sich noch so aneinanderquet-
schen, sie haben doch keine Chance. Bald sind sie es, die
grauen Steine, die durchfallen werden.

Wer schlau ist, stellt sich auf unsere Seite. Wer schlau
ist, läßt sich etwas einfallen, denn die Spießmeierei hat
jetzt ein Ende und reicht nicht mehr als Lebenslauf. Falsche Farbe blättert schnell ab, und in diesem Land laufen
viele Möchtegern-Andersartige herum. Daß sie sich mal
nicht täuschen. Jetzt kommen nämlich die wirklich An-
dersartigen. Und sie sind es nicht aus Hobby oder aus
Coolheit, sondern weil sie gar nicht anders sein können.
Das ist kein Verdienst, aber wenigstens ist es echt.

Dann gibt es noch die getürkten Deutschen, die Assimil-fatmas, die so gern anders wären, als sie sind. Also, gar nicht anders von der deutschen Seite aus betrachtet. Diese Leute halten es für ein Kompliment, wenn sie mal nicht für einen Kanaken gehalten werden, denn sie schämen sich ihrer Herkunft und ihres Andersseins. Sie lassen sich stutzen für einen deutschen Handschlag und ein deutsches Lächeln, einen Schulterklopfer und ein »du gehörst zu uns« aus deutschem Munde. Diese Leute verkaufen ihre türkische Seele für einen billigen Kneipenbesuch beim Schumann's, legen ihre türkischbunte Kleidung ab für eine Schwarzweißpose auf einem Zeit-Magazin-Doppelblatt und werden die Moorleichenfresse nicht los, weil sie keine türkische Schminke an den aus lauter Deutsch-eiferei schon ganz verbissenen Gesichtsausdruck kommen lassen. Diese Leute sind z. B. ModedesignerInnen oder KünstlerInnen, die Farbe für Kitsch halten, und ihr Geist ist genauso kalkweiß wie die Farbe ihrer Wände. Um zu schlichter Schönheit zu gelangen, übertreffen sie sich im Zurschaustellen nichtssagender Einfalt. Sie blicken mit kalten, ermüdeten Augen, sind abgebrannt, weil sie ein ganzes Leben ein Widerstand ihrer selbst waren, sich dem Verneinen ihres Wesens widmeten, und die baldige Persönlichkeitskrise, dessen Ausweg sie sich verbarrikadiert haben, steht ihnen auf der Stirn gemeißelt. Aber sie sehen es nicht, weil sie es schon längst aufgegeben haben, in den Spiegel zu schauen, aus lauter Sorge darum, doch noch ein türkisches Gesicht darin zu erblicken. Überhaupt spricht nur Angst aus diesen Menschen, auch wenn sie sich in Siegerpose aufbäumen. Angst, gehänselt und ausgelacht zu werden, Angst, nicht mitmachen zu dürfen, Angst, nicht teilhaben zu können, Angst, zurückzubleiben, Angst, unverstanden zu bleiben, Angst vor Schlägen und vorm Versagen. Sie sind die schwächsten in der Gruppe. Sie wissen sich nur durch Anpassung zu helfen, wählen das Einfachere, reißen alle Wege und Brükken ab und beschweren sich dann auch noch darüber, daß ihre Familie keinen Zugang zu ihnen findet. Oh, das bringt eine gute Schlagzeile in einem Türkenbekanntmachermagazin, das sich wie so oft als inzüchtiges deutsches Gehirnmasturbationsejakulat, im besten Falle zu niemandes Nutzen, herausstellt. Sie fühlen sich rebellisch und ungebeugt. Dabei scheißen sie sich lieber selbst auf ihren Kilim, bevor sie dem Deutschen auf den Boden krümeln, mit der Hoffnung, daß sie bei ihm einziehen werden. Werden sie auch: auf seinem Klo, das sie jeden Tag sauberlecken dürfen. Auch ihr Magen wird eines Tages rebellieren. Sie verursachen keinen allzugroßen Schaden. Stehen nur ein bißchen im Weg herum. Im Moment mögen sie sich für die Gewinner halten. Aber schon bald wird ihnen der schlechte Tausch leid tun.

Da bau ich mir also lieber mein eigenes Zelt und muß nicht unter den Trümmern begraben werden, wenn das alte Haus Deutschland zusammenbricht, das sich die deutschen Volksvertreter seit Jahrzehnten zu restaurieren weigern. In diesem Haus steht kein Rechner, auf dem ein türkischer Schriftsatz installiert ist. Griechisch, tschechisch, kyrillisch, was weiß ich noch alles. Aber alle unsere türkischstämmigen Mitbürger, über zwei Millionen an der Zahl, müssen es ertragen, wie sich die deutsche Schreibmaschinerie und Zunge gegen ihren Namen wehrt. Einige Eltern wissen sich dadurch zu helfen, daß sie ihren Sprößlingen neutrale Namen geben wie Jasmin, Deniz, Suzan oder Manolya, Manuela »auf deutsch«. Eine

Seite minderqualitativer Türkischunterricht in diesem oder jenem Magazin verhilft vielleicht zu einem belustigten Lächeln, aber es ist schlauen Köpfen bekannt, daß, wer künftig mitmachen will in Deutschland, weder ohne türkischen Schriftsatz noch ohne Türken auskommen wird.

Ja, die Türken kommen. Aber nicht mehr vom Süden, wie damals vor Wien. Auch nicht von vorne in Züge gepfercht. Sie fallen nicht vom Himmel und wachsen nicht wie die Pilze. Sie waren schon seit langem da, als man sich von ihnen abwendete, die Nase rümpfte und es kaum abwarten konnte, sie wieder zurückzuschicken, um sonntags die Straßen wieder türkenfrei zu bekommen. Den Abschiebegegnern fiel ein Spruch ein, dem keine Tränendrüse widerstehen konnte: »Wir holten Gastarbeiter und es kamen Menschen.« Jetzt ist Schicht mit Tränendrüse. Der Spruch ist längst umgeschrieben. Was sie sich da ins Land holten, werden sie früh genug herausbekommen. Ja, die Bastarde kommen, aber nicht mit Döner, Exportladenkitsch, Multikultigetrampel tränenreicher »In der Fremde«-Literatur und schlechtem Rap, goldbehangen im Sultanschick und anatolische Lieder lallend, wie's der Deutsche gern hätt, wenn überhaupt, sondern mit Qualität, erlernter preußischer Disziplin, angeborenem Feuer unterm Arsch, mitgebrachtem Kulturkoffer, nicht loszuwerdender Sentimentalität und erworbener Widerstandsfähigkeit, denn was nicht tötet, härtet angeblich ab, und es hat uns nicht umgebracht. Hat jemand Angst bekommen? Aber nicht doch. Wer auf unserer Seite steht, braucht keine Angst zu haben.

Aus euch Stinkern werden Gottessöhne

Leyla, 31, Versicherungskauffrau

*Ich lernte sie auf einer Tagung mit dem Thema
Migrantenliteratur kennen. Wir sprachen hauptsächlich über Vor- und Nachteile deutscher und
türkischer Männer. Irgendwann fing sie an, über
das Leben in Deutschland zu philosophieren.*

Mein Gott, wo will ich denn meine wahre Natur entdek-
ken, wo ist denn so ne wahre schöne Schose? Ich habe
nicht lange gesucht und gefunden, weil ich von heut auf
morgen nicht sonderlich innerlich werden will. Man geht
nicht auf die Suche, um denn irgendein Tier zu erlegen,
und die Beute müssen später alle Freunde und Jäger sehen, und die heilige Trophäe hängt im Wohnzimmer. Ich
kriege davon keine Verwunderung, weißt du, wenn sie mir
dieses Tierstück zeigen, sage ich: Interessiert wirklich
nicht, aus und vorbei. Bleibt mir mit diesem Lange-ge-
sucht und Endlich-gefunden vom Leib, ich will bescheuerte Instinkte nicht bewundern müssen. Das ist ne aleman-
nische Geschichte, sie haben ne fette Flunder ausm kleinen Teich geholt, der da heißt eigene innere Möglichkeit,
eigentlich ja eine Sumpfstelle, eine Handvoll verbracktes
Wasser, aus dem sich nur ein Zopf Algen herausfischen
läßt. Aber diese Hemingway-Typen schmeißen ihren Stink-
köder ins untröstliche Naß und warten, daß was edel Großes anbeißt. Sie sind Allesfischer, sie holen auch den mie-
figsten Trödel aus dem Wasser: ne Lebensversicherung, n

Schmusewolleleben, n Designerlabel, Fruchtquark oder den Guru, der sie ins Heil stößt ohne Wenn und Aber. Ein Hemingway ist auf nen Freispruch aus, er wälzt sich im Sehnsuchtsschlick wie n beschwipstes Fohlen im jungen grünen Gras. Sehnsucht, sagt er, das ist, daß man aus den blaßweißen Fernen s volle Herz klaut, und s will nicht vergehen, doch die Sehnsucht, so will mir scheinen, wird beim näheren Äugen zum zerrissenen Gelump, etwas, worauf sich Räudehunde stürzen. Okay, der Schmerz ist vor den Menschen gelegt und gebreitet. Auch ich frag mich manchmal: Ist es der große beste Schmerz, der mich wachhält? Hit und Shit, mega-in und giga-out liegen eng beieinander. Was heut noch war, wird morgen in die Tonne getreten. Das hat den Anschein, als wollte der Markt auf Teufel komm raus vorführen, wie schal der Rausch und das Feeling sein können. Es kommt mir vor, als wollte man da ne kirchliche Message unter die Leute bringen, von wegen Vergänglichkeit und so. Und das Zauberwort heißt ja Orientierung. Die Prediger gehen um und brüllen: Reiht euch ein, und aus euch Stinkern werden Gottessöhne! Es wird wohl der Wohlstand sein, der sie zwackt, der Wohlstand mästet sich wie ein Bandwurm in den großen Magensäcken ihrer Seelen. So n Wohlstand ist doch gar nichts, er verzischt, und hast du mal s Glück, keilt es aus und verpaßt dir ein Mordsveilchen. Oberste Prämisse heißt, daß die Sonne rüberkommen soll. Jeder Simpel verlangt störrisch seinen piece of cake, und ich nenn sie mal alle zusammengenommen Glücksmelker. Der Simpel klingelt an deiner Tür, und in seinen Augen kannst du sehen, für wen oder was er dich hält, für einen Milchlieferanten. Sein Spruch ist: Gib doch mal n bißchen Stoff. Gib doch mal s wahre Leben. Da gibt es alte Männer, die viel zu lange in Kaltschaum-Badewassern sitzen und irgendwie darauf warten, daß man ihnen den Rücken einseift. Und es fällt vielleicht ein bißchen Licht auf eine armselige Wade, das Licht geht durch das Fensterglas wie ein langer Arm und fällt ausgerechnet auf diese eine Wade. So ungefähr ist es mit dem Glücksmelker: Er ist sehr arm, und doch will und kann man ihm nichts geben. Das Elend hat ne breite Streuung. Im Park traf ich mal nen Türkenknirps, der kam gleich mal damit rüber, daß er Kleberdampf hochzieht, und den großen Grund konnte er auch gleich mitliefern. Er sagte: Damit kriegste die scheiß Hoffnung tot. Das klappt halt nicht mit ner einzigen Maßnahme, also wird so eine Dröhnung zur Dauereinrichtung. Das Totmachen verlangt eine starke Hand, die es gewohnt ist, die Erlösung in mundgerechte Häppchen zu splitten. Und noch eine Wahrheit: Sich erlösen hat unendlich viel mit einwerfen und fressen zu tun, mit beschaffen und den vollen Preis bezahlen. Ob du bei einer Psychosekte dein Päckchen Hyperkarma abholst oder Geschmolzenes in die Adern butterst: Der Geldschein wandert von Hand zu Hand. Die Erlösung ist so nah wie das Bündel Geldnoten. Mein Gott, so ist es eben, was soll ich mich noch über so billige Facts aufregen, da wird man ja zur jämmerlichen Meckerfigur. Irgendwann steh auch ich rum, gottverlassen und abgenudelt, und dann werde ich mir sagen, Frau, die Masche hat dich eingeholt, jetzt hast du es. Zu ein bißchen mehr wolltest du es schon bringen, doch da kamen eine Menge Verlorenheiten dazwischen. Die Gefühle schlagen quer, oder der Liebhaber braust im falschen Moment auf, oder die Sinnfrage ist plötzlich ganz wichtig. Ich hab den Eindruck, daß die Leute ihre Ladung Depression auf einen Bauchladen wuchten und von Tür zu Tür gehen wie Müllbeutelvertreter oder so. Die haben sich irgend nen Quatsch in den Kopf gesetzt und hausieren um die Wette. Wenn du in ein fremdes Land fällst wie aus allen Wolken, bist du wie eine Eule, die auf dem Ast sitzt und sich den ganzen Wald anguckt. Da spült sie mit der Zeit eine blöde Weisheit an, sie will das eigentlich gar nicht, aber sie kann nicht anders, als sich den kompletten Trubel ansehen. Die Eule möchte nicht hineingeraten, sie lebt auf ihre Weise mit einem eigenen instinktiven Hunger und fliegt nachts, um die eine oder andere Maus zu schnappen. Die Maus steht für den inner groove, für ne einwandfreie Sache, für den Wunsch, daß es einen so richtig erwischt. Die meisten geben sich eben mit ner Neckermann-Seligkeit ab, dann ist endlich totgeklatscht die Hoffnung und man kann sich einreden, daß man nicht mehr inner Wurstpelle steckt. Bei Licht besehen ist aber alles ne dicke Bohne, n Produkt der Verwünschung. Du siehst nen Prinzen mit Glubschaugen im Discodämmer stehen, der glotzt dich übergütig und etwas hormonirre an, und weil du eben ein paar Märchen gelesen hast, in denen es von finaler Erfüllung nur so tropft, küßt du ihn auf die Matschbacke. Und sieh einer an, der purzelt wieder zurück in so n Krötenembryo, daß du nen Warzenausschlag kriegst von. Das Märchen ist also nicht korrekt. Sein Knackarsch in strammengen Levi's entpuppt sich als n Krückhintern, wenn er am nächsten Morgen nackt durch deine Bude latscht, als wäre er James Dean oder n Hellenengott, in Marmor gemeißelt. Mein Gott, führt sich das Mannsvolk aber auch auf, manchmal möchte ich den Kerlen zurufen: Schnappt euch euren Naturdildo und benutzt ihn als Strohhalm. Mein Ex-Freund hat im Schlaf gefurzt und im Stehen gepinkelt und nach zwei Flaschen

Budweiser den Gefühlsbetonten rausgekehrt. Den Arm um die Frau legen und ihr Ohrläppchen wie ne Salzstange annagen, das war seine Don-Juan-Tour. Für die Männer ist das Leben eine einzige Entleerung, und damit meine ich nicht nur den Samenerguß. Nun gut, das klingt wie ne fette Portion Moral mit Emanzenquark, wie es die deutschen Mädels draufhaben. Außerdem hinterläßt es Spuren, wenn man sich mühsam durch die hiesigen Lehranstalten geschleppt hat. Irgendwann stößt jeder Depp auf die kritische Literatur, bei mir war es »Der kleine Unterschied« und »Beim nächsten Mann wird alles anders« und so weiter. Im nachhinein kann ich sagen, daß man solche Sachen liest, um gescheite Merksprüche rauszupicken und dem nächstbesten Kerl ins Gesicht zu schmettern. Meine Hysterie kann ganz schön abendfüllend sein. Alles in allem halte ich mich für ne mittelprächtige Frau mit dem nötigen Grips, knapp überm Durchschnitt eben, aber das geht schon in Ordnung.

Alles in dieser Welt ist vergänglich

Hatice, 22, Jura-Studentin

Sie sprach mich in der Cafeteria der Uni auf eine Abschaum-Lesung an. Sie kritisierte hauptsächlich die Sprache, in der das Buch verfaßt ist. Ihre große Sorge war die mögliche Fehlrepräsentation der Muslime in Deutschland. Auf meine Frage, ob sie bereit wäre, in Deutschland lebende Muslime mit einem Protokoll zu repräsentieren, reagierte sie sehr positiv.

Ich werde selten gefragt, warum ich ein Kopftuch trage, weil die meisten Leute glauben, es schon zu wissen. Dabei können sie es gar nicht. Niemand kann wissen, was in meinem Kopf vorgeht, es sei denn, ich habe es ihm erzählt.

Ich bedecke meinen Kopf, wie gläubige, muslimische Frauen es tun. Es ist wichtig für mich, weil ich mich damit zum Islam bekenne und mich seinen Regeln und Gesetzen beuge.

Meine Familie ist ziemlich religiös, aber ich wurde niemals zu etwas gezwungen. Ich habe alles freiwillig gemacht. Ich mußte während der Grundschule zum Beispiel kein Kopftuch tragen wie einige andere Mädchen, habe am Sportunterricht teilgenommen, habe mit Jungen spielen dürfen. Ich wurde also keineswegs eingeschränkt. Meine Eltern ließen mich meine Kindheit ausleben. Aber sie haben mich muslimisch erzogen und in die Koranschule geschickt, wo ich über unsere Religion aufgeklärt wurde und lernte, den Koran zu lesen. Ich wußte schon als Kind, daß ich mich bedecken würde, sobald ich die Grundschule beenden würde. Das ist eine der vielen Regeln, die ich seitdem befolge, wie zum Beispiel das fünfmalige Beten jeden Tag. Ich hatte mich richtig darauf gefreut, aber schon viel früher habe ich mit meiner Mutter gebetet und auch im Ramadan halbtags gefastet. Ich fühlte mich danach erleichtert und spürte, wie meine Seele dadurch reiner wurde. Noch immer geht es mir genauso.

Damals, in den ersten Jahren der Grundschule, hatte ich es sehr schwer. Ich wurde zwar hier geboren, aber bis ich sechs Jahre alt war, habe ich nur Türkisch gesprochen. Meine Eltern sprechen sehr schlecht Deutsch, und alle meine Freunde in der Straße waren Türken. Als ich mit der Schule anfing, hatte ich große Schwierigkeiten. Ich habe kein Wort verstanden und wurde zum Schulkindergarten geschickt, weil ich überhaupt nicht am Unterricht teilnahm. Dort gab es ein paar türkische Jungen und Mädchen, die auch kein Deutsch sprachen. Vielleicht waren wir alle aus demselben Grund dort. Jedenfalls haben wir immer zusammen gespielt. Zuerst versuchten die Kindergärtnerinnen, uns mit in die Spiele einzubeziehen, aber keine von ihnen konnte Türkisch sprechen, und irgendwann gaben sie es auf. Als ich wieder mit der Grundschule anfing, konnte ich kaum mehr Deutsch als ein Jahr davor. Auf Grund meiner schlechten Leistungen sollte ich zur Sonderschule geschickt werden. Allah'a Şükür, gab es eine türkische Lehrerin in der Schule, die sich um mich gekümmert hat. Sie hat mir nach der Schule umsonst Deutschunterricht gegeben. Sie sagte, es wäre schade, wenn ich nur wegen mangelnder Sprachkenntnisse zur Sonderschule ginge. Ich habe ziemlich schnell gelernt und bin sogar für das Gymnasium vorgeschlagen worden. Mein Vater wollte zwar nicht, daß ich studiere, aber der Hodja unserer Gemeinde hat ihn überredet, mich doch noch aufs Gymnasium zu schicken. Er sagte, daß ich notfalls immer noch auf die Hauptschule wechseln könnte, falls mich das Gymnasium zu sehr verändern würde. Während der Zeit auf dem Gymnasium haben sich meine Noten immer mehr verbessert. Meine Eltern haben gesehen, daß sie mir vertrauen konnten und haben einem Jurastudium ohne Wenn und Aber zugestimmt. Ich bin jetzt im dritten Semester, und Inscha'allah werde ich meine Familie nicht enttäuschen.

Ich freue mich sehr, daß ich es Allah'ın izniyle überhaupt so weit gebracht habe. Es ist zwar manchmal nicht einfach, gegen so viele Widerstände zu kämpfen, aber Allah gibt mir die nötige Kraft, um weiterzumachen, und wenn ich eines Tages der Gemeinde gute Dienste leisten kann, dann war es allein sein Wille.

Leider werden vor allem Moslems in Deutschland stark diskriminiert. Natürlich kann uns niemand von der Ausübung unserer Religion abhalten. Aber die freie Religionsausübung in Deutschland ist nicht gewährleistet. Noch immer gibt es Schwierigkeiten, eine Genehmigung für islamische Schlachthöfe zu bekommen, wohingegen dasselbe für Juden überhaupt kein Problem darstellt. Dabei leben in Deutschland viel mehr Moslems als Juden. Wie sehr die Moslems eingeschränkt werden, sieht man auch in der Diskussion um den Ezan, den Gebetsruf, der sogar in einer großen muslimischen Gemeinde wie in Duisburg nicht über Lautsprecher erschallen darf. Die Deutschen

haben Angst davor, daß wir ihnen ihre Religion wegneh-
men könnten. Aber der Islam ist die friedlichste Religion,
die es gibt, und wir nehmen jeden gerne auf, aber niemand wird gezwungen. Das ist gegen die Grundlagen des
Islam.

Auch an der Uni werden bedeckte Frauen diskriminiert.
Das schlägt sich oft in der Benotung aus. Eine Freundin,
die Wirtschaftswissenschaften studiert, ist sogar von
einem Seminar ausgeschlossen worden, weil es angeblich voll war. Mit solchen Problemen müssen wir leben.
Frauen ohne Kopftuch haben es vielleicht einfacher, aber
ich habe noch nie daran gedacht, deswegen kein Kopftuch mehr zu tragen. Lieber würde ich mein Studium auf-
geben, denn meine Religion ist das Wichtigste in meinem
Leben. Alles in dieser Welt ist vergänglich: Geld, Macht,
Schönheit. Was zählt, ist der Glaube. Das ist das einzige,
weswegen wir irgendwann zur Rechenschaft gezogen
werden. Wenn ein Mensch den Weg des Islam und des
Propheten Mohammed gegangen ist, wenn er seine Pflichten als ein guter Moslem erfüllt hat, dann hat er nichts zu
befürchten. Aber jemand, der vom rechten Weg abgekommen ist, der seine Begierden und seinen persönlichen
Willen über den Willen Allahs gestellt hat oder von anderen Ungläubigen verleitet wurde, wird dafür später
bezahlen. Dann stehen ihm seine Freunde, die ihn von
seinen religiösen Pflichten abgehalten haben, nicht bei.
Diesen Weg geht jeder irgendwann einmal allein.

Ich habe auch Freundinnen, die sich nicht bedecken.
Ich respektiere ihre Entscheidung, denn der Islam ist die
toleranteste Religion von allen, weil sie den Menschen als
letzte gesandt wurde. Aber ich erzähle ihnen als gute
Freundin auch von den Vorteilen, sich zu bedecken. Das

ist meine Pflicht. Eine unbedeckte Frau, zum Beispiel, hat Schwierigkeiten, unter Männern akzeptiert zu werden, denn diese Männer werden immer in erster Linie eine Frau vor sich sehen und sich von ihr angezogen fühlen. Solche Gefühle und Gedanken können eine Zusammenarbeit stören oder sogar unmöglich machen. Wenn die Frau aber bedeckt ist, wissen die Männer sofort, daß sie eine Gläubige ist, und haben Respekt vor ihr und ihrem Glauben. Sie kann sich viel selbstbewußter verhalten. Es ist dann besser für alle.

Ich habe keine deutschen Freundinnen. Ich kenne zwar einige Deutsche durch das Studium, aber wenn wir uns unterhalten, geht es meistens um Scheine oder Vorlesungen. Ich habe nichts gegen sie, aber die Kulturen sind einfach zu unterschiedlich. Wir können nicht so sein wie sie. Vieles, was ihre Kultur enthält, ist in unserer Religion verboten. Leider gibt es sehr viele in Deutschland lebende Moslems, die so sein möchten wie Deutsche. Dabei vergessen sie ihre eigene Kultur und Religion. Inscha'allah finden sie zum rechten Weg zurück.

Ich sage nicht, daß ich keine Sünden habe. Ich habe Sünden wie jeder Mensch auch. Aber mein Glaube ist unerschütterlich, und so Allah es will, werde ich auf dem Weg des Islam bleiben, denn alles ist sein Wille, alles.

Nur wenn die Faust inne Fresse kracht, ist das Ding rund

Belhe, 30, Schauspielerin

Wir sitzen beim Kaffee. Umzugskisten stapeln sich im Zimmer. Ihr Beo, eine Mischung aus Geier und Krähe, plumpst auf den Tisch und fegt eine kostbare Tasse auf den Boden. Sie grinst und sagt: »Jetzt muß ich weniger einpacken«.

Da leben wir so und so viele Jahre, aber vom Artigen lernst du nicht n Viertel Mandelkern, nicht n Daumennagel Weises, nicht die fahle Druckspur Empörung, sondern nur: alles Sahne, alles Buttercreme, alles machbar in kommender Zeit, und du wirst n Zwitter vom Näherrobben an die »richtige Zeit«. Die hat's in sich, die ist nämlich verpennt oder vom Deutschlandriesen weggefuttert, und die Scheißer sagen: Mensch, hör nur auf die Sirene, gleich kommt der Typ mit nem Doktorkoffer, packt man schön die Wundsalben aus und jagt dir die Pennspritze rein, daß du gutes Fühlen kriegst. Das letzte glaube ich ja gern, die Pennadel hab ich seit Kanakzeiten inner Armbeuge, und um die Nadel is n verpusselter Warzenhof, weil der Körper auf dies verfickte Ruhigstellen richtig mit Allergiewut rotzreagiert. Es gibt nur eine Lösung, die is sicherer als n Messerglanz inner Nacht und genauso gut: Rassenterz auf Germanys sicheren Straßen, Skinpogrom im Gottlosquartier: eine Menge Kadaver, eine Menge Ärger auf n Schlag los.

Fotzenvisagig geht's her so und so viele Jahre, und glaubst du, da wird was besser durch Friedenflüstern und Plakatpinnen und Kerzenscheinketten? Nur wenn die Faust inne Fresse kracht, ist das Ding rund. Das Ding is denn so rund, daß man's rausbrüllt: Die Herrenrasse is im Arsch. Und n wohliger Rambazamba herrscht im Haus. Was will ich alles auf den Aleman abladen? Sieh, was mit den Türken los ist: Penndumm latschen die herum und geknickt und wissen nicht, wie anfangen und was machen, schlampfen und brasen in Kitschkabuffs, und wenn ne Glatze ihnen ein paar Knochen trümmert, brauchen die n Taschentuch, um s Wasser aus den Glubschern zu wischen, und dann wird gejammert: O Deutschland, was willst du nur von uns? Wir sind doch Rechtschaffene und Gottesgläubige, und wir fegen dir deinen Dreck weg, fegen deine Scheiße weg. Diese Hundsfottürken stinken gern nach Alemangülle, das ist ihr feines Deo, und sie schnüffeln sich gegenseitig ab nach diesem Kraßkafferstank. Zwischen Schafscherer und Kraßkaffer haust der bucklige Pennkümmel und zittert beim Gedanken an Gegenwehr. Diese scheiß Brut kann mich am Arsch, sind Bleichgespenster in Menschenkleidern, du siehst einen die Hand krallen, und dabei hüpft nur der Ärmel, du siehst einen sein Hemd richten, und dabei isses nur n Kragen, der vor sich hinraschelt: Es ist nur Stoff zum Anschauen und nicht der Penner, der drin steckt.

Morgens sich ausm Bett kramen und sehen wie's winterblau is, und sich dreilagendick einmümmeln in Antikaltes, und streifen, ganz knapp schrappen am tot-bin-ich-mir-lieber, und irgendwie wie n seltener Vogel kreischen an so nem abgelegenen Platz, und dies Winterblau beglotzen, und alles is zu ner Winteratmosphäre gepappt. So rumgehen inner Stadt, und wenn ich n Spießer seh mit fotzen-rotem Gesicht, stell ich mir vor, ich muß jetzt dem einen abkauen, und seinen kleinen fetten Aderpint stell ich mir vor, und ihm sein Daddyorgan is der reinste Ekel, und da hilft diese ganze Winterblauausstattung nicht.

Du kannst echt dein Feinding durchrollen mit Singsang, ne Melodie im Sender und Strahler da am Himmel, und irgend n Funk wird dich anmachen, und dann merkst du: Es ist gut. Da kommst du endlich mal früh hoch, wirklich früh, und s Dunkel ist hingemacht. Und dann stell dich vorn Spiegel und blick, und im Spiegel baut sich was auf, ne Gratis-Erscheinung mit deiner Maske, und das isser: der Spiegelaffe. Der is nun mal s Gegenstück von Strahlerhimmel mit nem Gottfunk, weil der Spiegelaffe, der teilt Stromschlag aus, geht durch und durch als Zuckung, und dem also biste meistes Leben ergeben, das ganze Leben bist du mit dieser Fratze unterwegs. Plötzlich kein Rhythmus mehr im Moment, kein Rhythmus für morgen, und weggefummelt is das Glück.

Unser Part aber ist der reinste Jungle-Boogie, was rein kommt, rauscht raus, und ordentlich rumpelt's in mir drin, da drin, wie Fegefeuriges, züngelt los als Brüll ins Bündelige, und's gibt her, was es hergibt, der Stoff: heiligstes Kanak schmutzigstes Kanak. Und so ist Kanak mein und unser Drive, weil's wegbringt vom Ruhesanft des Alemanbubis, weil's den Affen wieder innen Spiegelkäfig steckt, wo sowas hingehört und meinetwegen ein Eigenleben führen kann als Spiegelkastengnom. Sowas will dich wegziehen aus deiner Qualität, und wenn du erst mal weg bist, klebst du an der Scheibe und schaust mit Lähmungen belaust ausm Spiegel auf zum Strahlerhimmel und wartest wie n Mäuschen auf Käsewürfelregen, und wenn

du das Zeug richtig im Magen hast, denkst du an Seelen-
wärme.

Wärme, und nochmals aus irgendnem Winkel, Wärme-
wärmewärme, zuerst n Hamsternuschel oder Raschel von
Vogel im Laub, und dann, als drehte einer den Baßregler
bis zum Anschlag, n Junkiehust: Wärmeherwärmeher,
wärmewoherauchimmerher, alle Fluchten abseitig jensei-
tig verflucht, und Wünsche verkramt vertan vertüftelt,
und glucksen und schlürfen Wärmebowle, Wärmesuff,
Wärmesaft: Wärmeliebewärmemich. Es schreit im Land
der Deutschen das alte deutsche Scheißleid von Kühle-
windekaltewelt, fickrig fackelig totenvoll, Hirnstoff weg-
gegast, Kopp-Pulver weggeschnupft, und doch ist so gol-
dig Blei gedankenschwere Not, und überall der Banditen-
slogan: Wir richten euer Glück! Wir heilen alle Wunden!
Und es stopft sich leicht im deutschen Land das Loch wie
alle Löcher mit nix als Verarscheluft, und nach mehr werden sie schnappen. Ihr Verlangen und nicht meines, die
groben Scheißer ins Haus zu holen, die mit sanften Stimm-
chen und schnurrigem Flüster. Die brennen schon aus,
die schienen schon den Bruch, und immer noch dies verdammte: Wärmewillichwärmemehr!

Einen Fußbreit Boden finden
ohne Unrat

Muazzez, 38, Schriftstellerin

Am Anfang stand ein Briefwechsel. Sie schrieb
Türkisch, ich Deutsch. Ich fragte sie, ob ich be-
stimmte Stellen aus ihren Briefen sinngemäß ins
Deutsche übersetzen und zu einem Text zusam-
menfügen dürfte. Sie gab mir ihr Einverständnis.

Alles zum Sagwürdigen umgeholzt, und Geschriebenes
doch wohl Erinnerungskacke, eine Beschau von kleinen
mickrigen Japsern und Piepsern. Bücher lesen, bis die
Schwarte rottet, und irgendwann ist da der Sprung drin,
und man setzt sich an den großen Gabentisch, um Faseli-
ges ins Faserige zu pressen: entsteht ein Buch. Holprig
geht es im eigenen wie im Leben anderer, da braucht es
nicht der Wortzurechtfuchser, und Moral ist doch ge-
schwind dahin. Abends die Trauerweide begucken und
etwas ausscheiden an Gedanken. Morgens denn etwas
tun, was irgend nach Arbeit aussieht. Darin ist Fluch,
riecht nach Bittermandel. Mein eigener Sprech hat etwas
Selbstgängiges, strickt sich auf dem Papier zurecht, will
plausibel Salz in imaginäre Wunden streuen. Belebt wollte ich sein und die Fresse meist halten. Doch nun Wort-
salat und Meinungsmache über öffentliche Geschehen,
wo man selbst ins Grübeln kippt alle Tage. Über Popcorn
gehen und sich wundern, daß es unter den Sohlen knackt:

So bin ich und die letzten Jahre selten anders gewesen. Schreibe auf und radiere es weg, bis es sitzt. Memoiren einer, die viel Zeit hatte und Beine übereinanderschlug. Wütend sein, weil Wut rausmuß ins Gesicht eines Beliebigen. Ankampf gegen Abrutsch. Den Kopfinhalt überdeckt Gedankenfett. Treulos bis zum blanken Entsetzen. Und mein Narzißmus ist Modenschau: Um nicht zu sagen, daß ich schwächelnd bin vom Die-wilde-Machete-sausen-Lassen. Hauptsache, sie saust nieder. Zuweilen bin ich pissig und sage den letzten Scheiß. Der Scheiß kommt aber an, und ich bin ein Champ. Hartlöten das Meinungsgestell, daß es nach was aussieht, was man sich ins innerliche Örtchen stellen kann. Aber: Wo willst du Manna kriegen, damit dir kräftig wird? Land und Leute haben hier etwas Ansteckendes, am Ende eines Tages merke ich: Mein voller Ranzen ist geplündert, und wer ist schuld daran? Wenn man sitzt auf dem Barhocker, Milchschaum am Lippenflaum, wenn man sich zum Zeitvertreib da niedergelassen hat, und die vierte Kaffeetasse ist ausgetrunken und das Lifestylemagazin durchgeblättert, dreht man den Kopf und schaut in irgendwelche Augen. Die sagen dir nichts. Die suchen den Kellner oder die Kellnerin. Na gut, ich bin doch auch löffelrührend in der Eigensuppe, und wenn ich da für mich und mir überlassen sitze, blitz ich nicht auf im Begehr nach Menschenumgang. Was will ich also sagen? Daß ich trotzdem da falsch bin, der Platz ist nicht richtig und auch nicht, daß ich dort bin. Das Ganze ergibt eine Gruppe Bilder, ich auf Stuhl mit Kaffee und Kuchen. Alles andere als wohlüberlegt oder kurz vorm Gang ins Sinntun mal reingeschneit, oder da ist draußen ein ziemlicher Gutfez, und ich verschnauf hier mal kurz: keins von diesen. Bin so klar im Kopf, daß ich auch merke, wie es auch den Deutschen an den Kragen geht bei diesem Mürbfleischgeschüttel. Geht allen so, geht vielen so. Einen Fußbreit Boden finden ohne Unrat, und wo man ein Viertel des Tags nicht ausscheiden muß, das wünscht auch ein kleiner Kicker vom Feld oder n Chauffeur oder n Tofu-Fresser. Alle wollen's und alle geben's zu. Ein Stück Frikadelle, das ist das Bild, und der göttliche oder kosmische oder scheiß Pfannenwender schubst einen ins Bratfett, wo man nicht hinwill. Andere sagen: Schmor man weiter in deinem Saft. Wenn es so ist, dann ist alles in Mist gebaut. Einen Fußbreit Boden finden ohne Festpacke. Sonst wird dir am Zeug gezerrt und wird dir der Kopf verdreht und gewaschen, und schon klebt dir der Name an: Also einen Fußbreit finden ist doch n alter taffer Traum.

Ein Memoirenkaffer, ein fingerspreizendes Etwas, mit Undingen zugange, dieses aus der Luft Gegriffene aufs Papier bringend, und das Rätselraten der Menschen, die es lesen und sagen: Dieses Weib hat wohl nichts zu tun und ersinnt eine dumme Klage. Also bin ich sowas Fortgewirbeltes und Unstetes, und gleichzeitig eine Schnüfflerin der allerletzten Dinge. Ich sehe die Fassade, und ich ahne ein Gerüst, streife entlang, begehe die Attraktion, und ehe ich dazu komme, die Spur zum Hausskelett aufzunehmen, zwackt mir die Haut wie Uniform. Bin also ein Erinnerungskacke-Fresser, Fresser durch dick und dünn, durch Fassade und das Dahinter, aber immer in der Vorstellung, im verfluchten Geiste. Ich gehöre in die Bummelwelt der freierlosen Huren, und ich warte sehr gespannt auf den Tag der schmutzigen Durchbohrung. Und habe im Wirrwarr noch meine eigene Gedankenschleife, die nutzlos mir im Kopf herumschwirrt. Schreiben darf man ruhig missen, es ist ein versoffenes Stück Sinntuerei, weil es ja wegen der Schwundsucht, meiner eigenen und die der anderen, nichts abzukupfern oder sich zu übertragen gibt, und deswegen kann man statt zu tun und zu lassen Sprüche klopfen auf Papier oder ein Memoirenkaffer sein. Über diesen Umweg komme ich beim Alphabet meines Wirrwarrs an, und wie so oft und wie fast immer ist die Gedankenschleife mein Trost. Wenn das Sagwürdige mal aufhört, das ja wohl eher in der Theorie, werde ich sagen: Jetzt wird es Zeit mitzumischen, ich geh raus und werd n Aktionskaffer.

Wenn man mehr will, ruft man die Plage ins Haus

Zeynep, 28, Änderungsschneiderin

Sie wurde mir auf der Suche nach einer Änderungsschneiderin empfohlen. Etwas mürrisch, verriet man mir, mache ihre Arbeit aber gut. Ich ging hin. Sie sagte, daß sie zuviel zu tun hätte, ich solle später kommen. Beim zweitenmal bot sie mir Tee an und fragte mich, ob ich Künstler sei. Ich antwortete, Schriftsteller. Sie informierte sich, worüber ich schreibe, und begann zu erzählen.

Was macht das Ghetto aus, und was passiert »da drin«? Wer will es wissen, wen geht was an? Hier ist Erosion, und alle Reviere und Kampfviertel stinken und erbrechen. Das goldene Licht ist Keksdosengold. Wenig Hunde, und wenn, dann von Punks. Die gehen herum, keiner von den »Unsrigen« kümmert sich um sie. Ehrenhändel passieren, wie Wasser in ihrer Natur keine Farbe hat. Ladenschilder wie Türke hat in seiner Natur viel bunt.

Sehe nach, was es so bringt, wenn du Gutes tust. Da gibt's Gott dir's zu vergelten. Es sagt einer: Wie die Wespe sticht, so stach ich dich, wie der Himmel bricht am Menschenende, so will ich dir deiner letzten Tage Pein sein. Er sagt nicht mir sein böses Wort. Ein Teil von seinem Seelengrund, der abgespalten ist von Gott, hat ihn bis aufs Blut gereizt.

Blut kann man nicht fegen, ist nicht Asche und was weiß ich. Wasserspülen geht, und dann doch an den Fingern paar rote Spritzer. Wunderland alles hier drin, treibt und sieht sich selten vor, aber spart. Alemania ist Außenwort, wenn das hier mal eindringt, will's niemand. Gibt niemand auch einen Pfennig nur für wertlos Zeug. Verliert sich selten Seele hinein, und wenn einer von uns rausbricht, findet Seele selten im Alemannen. Ihr Wort hat Bruch. Ihr Leib hat kleines Gebrechen. Und wenn viele zusammenstehen vorm Imbiß, Schwarzköpfe gedrängt und gehäuft, denken viele an kurze Zeit vorm Raub.

Der Polizist ist scharf auf uns, doch mehr an die Jungs denkt er, weil er ein böses Vernaschen spinnt im Kopf. Der Rumtreiber geht in Müllkästen, treibt was auf was geschmissen. Auf Parkbank gelassen, was vergessen. So einen spinnt der Polizist im Kopf, wenn er was im Ghetto sieht.

Das Ghettobild ist eigene Mode, das doch schon. Die Hemden, meist quietschweiße, sind aufgerissen bis zum Nabel, und Goldglitzer dazwischen, damit s Fahle vom Ruinghetto nicht durchglimmert. Armut sollst du nicht zeigen, das ist dann wie Dreck im weißen Gesicht. Schmerz ist Sehrfinsterprovinz. Steckst du drin, bist du Todes Auslese. Trocknet aus, gibt dir Gilb, kannst nicht wie Soßenflecken tilgen. Ein kleiner Riß in Haut reißt groß rein, mehr als man sieht, mehr als Deutscher sieht. Weil so viel vom Sehen und Dareingeraten hat man in sich gefressen. Das geht hinein in eine große Scheune. Also sind alle Wunden klein, muß man glauben, sonst bricht die ganze Haut in einem Riß. Bringt nix, darüber Kopf zu machen. Ich kenne Stoffe, nähe Stoffe zusammen oder auseinander. Ich merke jede Qualität, und der Faden muß passen. Und die Hand führt die Nadel muß passen. Und muß am Kunden passen. So ist die Ehre keine Literatur, sie ist so wie gutfühlende Stoffe. Der Mensch, der Ehre hat, muß richtige Körpergröße haben, um in die Ehre zu passen. Sonst wird der Mensch Karikatur. Manche leben dreißig Jahre im Bezirk und haben Ehre behalten. Sind anständig und betrügen nicht. Manche haben fürchterlichen Schlag gekriegt und bellen wie Hunde von Punks, die in die Ecke machen. Sie sind sich selbst Gefahr. Und andere streichen herum mit Filzhütchen, und Pfauenfeder ist dran als Schmuck. Einen kenne ich, den nennen wir hier Alemannenbekenner. Ein Kerl von der Schwarzmeerküste, einer von der alten ersten Garde, die gleich in die Fabriken floß. Dort verließ ihn wohl der Sinn fürs Schickliche. Läßt sich Schnurrbart und Haar färben bis auf die Koteletten. Sagt in Gesprächen: Ist unsere Schuld, daß der Alemanne uns nicht mehr mag. Wir haben ne schlechte Figur gemacht, wir sind schlimmes Gezücht. Früher, ja, da haben viele genickt, gesagt, daß er unrecht nicht hat. Heute aber steht er da wie verkohltes Geäst nach Waldbrand. Er bekennt falsche Zeit. Um ihn sind keine Jünger. Ist vorbei, denn wir sagen hier: die Zeit vor dem Brand und Zeit danach. Ist alles anders geworden zu Recht. Es stirbt ein jeder seinen kleinen Teiltod, ein jeder gibt jetzt ab von seinem Fleisch. Ein jeder schneidet Stück von seinem schönen Traum. Die Alten warten auf den, der das Wort einlöst, aber wer hat das versprochen? Wer hat gesagt: Ich will eure dunklen Keller und Dachböden von Rattenmist befreien. Ich will euch den rechten Geschmack an Brot und seiner herben Kruste wiedergeben? Die Alten wollen sich unter einer Moscheekuppel versammeln, an den Pfosten sitzen, die zum Himmel führen. Wir aber sind frei von Leidklage. Im Ghetto sind Himmel und Hölle verwandte Huren. Und sie buhlen um die Seelen. Himmel und Hölle sind verwirrt im Bezirk, weil sie ja den Körper greifen müssen als erstes. Sie sind Geister und Gedanken und prallen gegen die Lebenden. Auf der Straße bewegen sich Himmel und Hölle in Menschengestalt, essen und trinken, und doch erkennen wir sie. Manchmal glaube ich, daß Gott, ja sogar er, eingesperrt ist im Türkenbezirk.

Wer kommt hier rein, ins Geschäft, hier in den Änderungsraum? Türkenbrut, die s Flicken nötig hat. So habe ich s Kleidergewühl, ich lasse mich von vorne an die Wäsche der Leute gehen. Das ist mein Handwerk: Hier sitzen und in Empfang nehmen und bessern und wiedergeben gegen Leistungsgebühr. Kann davon leben. Soll aber nicht das ganze Leben so vergehen: Man wird dann dumm. Hab keinen Traum, hab ihn mausetot geschlagen. Das meine ich Wort für Wort, wie ich es sage. Traum ist total und wird zu vielen Ratten, die von Menschenhand Gemachtes oder in die Kammer gestellte Speise suchen. Das Rattenvolk besitzt Liebe zu uns, es hat an uns Gefallen gefunden wie der hier eingesperrte Gott. Und ich lasse Ratte wie Traum draußen. Wenn man mehr will, ruft man die Plage ins Haus.

Dann baumelt Onkel Tom
an ner Laterne

Oya, 20, Abiturientin

Ich lernte sie auf einer Antifa-Demo kennen. Ihr Motiv war nicht, mitzudemonstrieren, sondern die Menschen zu beobachten, wie sie sich »angeblich« auflehnten. Sie betrachtete die ganze Sache als »gegenseitige Arschkriecherei« von »fremdenfreundlichen Deutschen« und »wehleidigen Ausländern« und machte keinen Hehl aus ihrer Meinung. Ganz im Gegenteil, sie versuchte, so viele Menschen wie möglich in ein kontroverses Gespräch einzubinden.

Flimsiges Blaulicht und ein Rapfuckintheghettoding in den Köpfen, Ghetto: Wo so einer abseits und oben steht und guckt auf seine Trophäe, die er sich holen will von der Straße, wo da nix ist, aber zu dunkel und zu schwierig für ein Idol. Ghetto: ein Scheißbild, ein Kaugummiteil, ein Mist, ein Sinnmachenmüssen, wo so einer sich holt seinen fetten Reim direkt vor Ort: Kümmelbezirk: ganz Gefahr, ganz Bronx, ganz neu im geschröpften Land: ganz anders als wie sonst frisiert: Türk liefert Stoff. Flapsige Hunnenbrocken sind schönes neues Produkt ausm Ofen, heiß wie Brot, kalt wie tote Schlacke, schnell wie weiße Ratte, zäh wie dicker Hintern, anders als üblicherweiser Scheiß. Stammel kommt über Stummnigger kommt über

Baracken, und is doch nur Reklame, n blöder Spot. N Flash haut rein in Gammel, und am Ende n guter Rutsch ins Establishment. Will ich's? ist die Frage, will ich den Jammer, wo ich mein Baller nur einsetz für Abzock, und dann nur dasteh als braune Alemannin oder Miezenkack? Das is kein Fight, das ist aus der Möse geheuchelt und den Falschen niedergestreckt. Ist es Brot für Türk, will ich's? ist die Frage, und ich sage, da scheiß ich auf diese Niedertracht. Ich scheiß auf so ne Athletik gegen Spots, ich scheiß auf Mutterglück und Vaterschwanz, ich scheiß auf Himmelpudding, ich scheiß auf Ankunft in Hollywoodaleman, ich scheiß in die goldenen Betteltröge, ich scheiß auf dieses Engelsblondgelock, das mir um den Arsch streicht, und ich scheiß auf Schampanja in Almanja. Wir haben uns nicht versteckt oder Verstecke gesucht, man sagte aber über uns, wir machen den Kümmelabhau aus ner Öffentlichkeit, und wir sind Gewitzte im Judenbubenkomplott, und tausendmal in den Wind geschrieben ergibt schon Wissenschaft über uns. Wir haben keine Luxuslust auf Ghettotürkiye erfunden, man sagt aber über uns, wir wühlen uns durch zu heimlicher Hauptstadt mitten unter der Mehrheit, die nun will selbst Regie führen, was nett mackern darf im Land und was ins Grab gehört, was neues beschert und was abgesockt gehört. Hat mir etwa ne Hexe aufs Pulver gepißt oder n Dschinn aus ner Wunderdose das Zeichen des Endzeittiers unters Kissen gelegt? Raucht es aus meinem Schlot etwa anders und setz ich giftige Sporen in die Alemanhaut? Andersrum, ganz genau andersrum hat es Sinn und erfüllt auch nen heimlichen Zweck: Der Aleman ist n wilder Exotenmaler in seinem Element, und er erschafft uns mit seiner Kleckswut-Kunst: Ne halbe Tube Zigeunerrot, und er malt jeden nicht Gleichartigen zum Pigment-Kalmücken. Pinsel rechts und Pinsel links, Pinsel oben und Pinsel unten: Da steht es, das Geschöpf, zerfurcht und märchenbitterböse und Gullideckelbeißer, dies scheiß Geschöpf, ne mongoloide Sau und das Böse als ihr Wundertalent.

Schwarze Schöpfe in der Meute, in der Glattgelacktenhorde! Schnell so n Rassenturnier vom Zaun brechen, damit n Asiat dann, wenn's ihm zu bunt wird im kriegsähnlichen Zustand, verlogen Geselliges dem Aleman vor die Stiefelfüße schmeißt, damit n Asiat also als Kriegszündler erst recht dasteht. Und nun gibt's den Papstvers angemerkt: Weichen is besser als zanken, so ne Art Kirchenvulgär gibt's dem Knecht vom Herrn verabreicht, und n Vernunftannehmer kriegt ne fette Prämie, weil er wie n Onkel Tom arschgeleckt hat und seinen Leuten zugebrüllt: Haltet eure Hütten sauber! Haltet Frieden ein in Gottes Namen! Verdammt will ich sein und frage: in wessen Namen, wenn nicht in der Bonzen Namen? Sie alle mischen mit und halten die Armen nieder, und wenn die Armen sich zum Strom vereinen, reißen sie als allererstes ihre Hütten nieder. Somit hat das Spiel nen klaren Verlierer und nen klaren Gewinner. Dann baumelt Onkel Tom an ner Laterne, bis die Bonzen nen anderen Niederringer züchten und in die Mitte stellen und brüllen lassen: Was habt ihr von Aufbegehr gehabt? Und über diese Schande soll sehr viel Gras wachsen! Und wenn der Beruhiger kommt und der Beruhiger sagt, mach dich zum Untertan!, dann sagt er eigentlich: Kopf ausschalten und halbe Portion. Schön wär's für sie, wenn wir wirklich so würden, Sand unter ihren Füßen. Aber was wollen wir denn eigentlich anderes als Kopf bleibt schön dran und bleibt ganz, das wollen wir eigentlich.

Die Deutschen erkenne an diesem Beispiel, das ich dir gebe: Acht krumme Hunde treffen sich einmal in der Woche im Stammlokal. Ich kenne die acht, und ich weiß, wie die acht schissig eine Sorte und eine Art machen wollen, nämlich Bekenner von diesem SM-Kack, was man ja jetzt üblicherweis den Kids zur Aufklärung inne Babygrütze schaufelt. Ne Sorte mimt den Zürne-Iwan mit ner Rute und ne andere die Schmerztüte mit ner Winselorgel im Rachen, die erste is Sado, die zweite is Maso, und beide kommen halt üblicherweis zu ner Action zusammen, die da heißt: O fein, ich peitsch dich mal aufs Ärschilein, und dir kommt's vor Wonnilein, und noch blutigere Späße. Also die acht Schissigen, die sich da inner Kneipe einmal treffen, sind allesamt Allemankerle und Iwanbekenner, und die Typen sitzen rum und bejaulen ihr scheiß Schicksal, weil sich trotz Kontaktgier wie Lump nicht ne einzige Maso-Suse einstellen wollte bis jetzt. Die sitzen rum und brüten grimmig, wie sie man den Dampf ausm Beutel kriegen, und granteln, bis sie aus der Eichel suppen: n Verein der verlorenen Fassong. Glasige Augen und Ramponage bei so ner Schmerztütennullbilanz, n Verein vonner Hinterkammerwollust, die inner kneipigen Balzarena mickert und aus Luxuswehen anschwirrt und an ne Tür von vielen Ergebenmösen trommelt ohne Abspritz. Die Peitschen knallen nicht, die sind an die Wand gelehnt und sind Rentnerrequisit. O Alemanja, wie bist du Provinz!

Alles an mir ist zweite Wahl

Reşide, 34, Deutschlehrerin

Ich lernte sie auf einer Schullesung kennen. Während die anderen Lehrer mit den verschiedensten Fragen und Einwänden um mich herumstanden, stand sie etwas abseits und schien sehr traurig zu sein. Da sie die einzige türkeistämmige Lehrerin der Schule war, wollte ich auch ihre Meinung erfahren. Als alle weggingen, fing sie an, leise zu weinen, und sagte, daß ihre Erlebnisse eine Lehrerin aus ihr machten und meine Erlebnisse einen Schreiber aus mir. Wichtig sei es, andere verändern zu können.

Ihr Mund ist ein Wortmund. Eine Spalte, die keine Überwindung kennt. Ihr Mund bildet ganze Sätze in einer Sprache, die keine Öffnung hat und keinen Ausgang. Sie steht an der Tafel und holt mich aus dem Traum und möchte etwas von mir. Meine Hand fährt über das Holz der Schulbank: Es klebt und gibt nicht frei. Sie hat einen feinen Rock, die Falten machen es Blättern nach, wenn der Wind hineinfährt. Ich wollte, ich könnte mein Gesicht wegreiben, ich wünschte, ich könnte einen makellosen Mund haben genau wie sie. Sie ist plötzlich da, steht dicht bei mir und faßt mich an den Arm. Ich stehe auf und folge ihr an die Tafel. Sie sagt: Name, dein Name! Ich schreibe meinen vollen Namen auf, und das ist, um ihr zu zeigen, daß ich kleinmächtig bin, mit dem Wissen derer, die ihren

Namen im Kopf behalten können. Sie lächelt, und es kommt Bewegung in die ganze Klasse. Ein Mädchen mit zwei Zöpfen versucht, die fremden Worte auszusprechen. Ich sage in meiner Sprache: So heiße ich nicht! Du mußt mich richtig nennen. Die Lehrerin schaut mich an, und ich begreife nichts an diesem heißen ersten Schultag in Deutschland.

Die Kinder haben einen hellen Flaum an den Oberarmen. Bei dem Mädchen mit den Zöpfen führt ein blonder Aalstrich unter die Achselhöhle. Sie riechen frischgewaschen. Ihre Ohren sind geputzt. Bei all dem Lärm, den sie im Pausenhof veranstalten, gleichen sie verstörten Putten, die vom Himmel ins Weihbecken geplumpst sind. Sie spielen Fangen, ziehen an Hemdzipfeln oder schießen mit Plastikpistolen auf Indianer in den Baumkronen. Die Mädchen essen ihre Nutellastullen im Sitzen. Meine Mutter hat mir kein Pausenbrot eingepackt. Die deutschen Kinder erfrischen sich, ob sie den Spatzen Brotrinde zuwerfen oder Legionen von Rothäuten niedermachen. Ich denke: Sie reden deshalb so aus einem tiefen Schlund heraus, weil sie wenig Wasser trinken. Ich denke: Strohhalme sind etwas für Erwachsene, und doch schlürfen die Kinder ihren kalten Kakao mit dem Strohhalm.

Ich stehe allein im Schatten und rieche das frischgemähte Gras und fühle den Taumel, der einen erfaßt, wenn man ein für allemal Schluß machen möchte. Ich rieche meinen fremden mageren Körper. Die Schuhe drücken, und die Bluse mit dem Haifischkragen belustigt sogar die Lehrerin. Am liebsten würde ich an ihrem geblümten Rock riechen.

Ich gehe leicht gebeugt, und es sieht aus, als trotte ein Buckliger durch die Straßen. Alles an mir ist zweite Wahl.

In meinem Gesichtskreis mache ich närrische Phantome aus: ein rotgewandeter Kobold, dessen Fluch es ist, in jeder Pfütze zu baden. Ein schreiendes Tier, das seine eigenen Zähne frißt. Eine Libelle, die in der sengenden Hitze ihre Luftschleifen fliegt. Ich behalte diese Bilder für mich. Ich könnte die Lehrerin damit nicht beeindrucken, und das ist die Hauptsache.

Um acht Uhr muß ich ins Bett. Ich liege reglos da und verfluche die Stummheit. Aus dem Schlafzimmer meiner Eltern dringt das Keuchen meines Vaters. Auf beide Hände gestützt dringt er in dieses Weiche, in das, was zwischen den Schenkeln liegt. Er kennt die Bestimmung seines harten Organs. Der Teufel reitet meine Mutter, bis sie aus ihrem Geschlecht Schaum erbricht. Ihre Haare breiten sich über das Kissen wie eine Handvoll Blindschleichen. Mein Vater wirft sich neben sie und verschnauft. Ich kenne dieses Bild verrückter Verzückung, weil ich ihnen öfters durch das Schlüsselloch zugesehen habe. Ihrer Welt gehört nur das, was sie zurückgelassen haben.

Ich stürze mich auf das neue Alphabet. Die Kinder reden, als würden die Laute den Rachen runtersausen und kurz vor der Kehle kehrtmachen, um sich im Mund an den Zähnen zu stoßen. Ihre Sprache ist eine Sache des Knorpels und sich aneinander reibender Knochen. Mir fällt es schwer zu begreifen, daß sie scheinbar ohne die geringste Anstrengung spielen oder sprechen. Im Spiel geht es um Trumpf und Sieg. Die Kinder meinen es ernst, als würden sie ihre letzte Trutzburg verteidigen müssen. Ihr Spiel ist beinstellerisch und ohne die geringste Gnade.

Das Mädchen mit den Zöpfen heißt Magda, ein komischer Name, der nach Zuckerwatte klingt. Ein paar Angeber machen sich einen Spaß daraus, einen Kreis um sie zu bilden und einen Chor anzustimmen: Kittelmagda is ne Kuh! Magda senkt den Kopf und rührt sich kein bißchen.

Ich lerne ein paar Brocken Deutsch. Das Schlimme an dieser Verständigung ist, daß man beim Reden das Gesicht totstellen muß und die Hände ruhighalten. Ihr Lachen klappt nicht richtig, was mich verwundert. Andererseits können sie sehr finster dreinschauen. Der böse Blick, vor dem mich meine Großmutter immer warnte, scheint in den Augenhöhlen der Deutschen zu wohnen. Wenn mich ein Kind mit finsterer Miene mustert, schleudere ich ihm die doppelte und dreifache Finsternis zurück. Es wirkt, denn es wendet sich ab und tut so, als würde es etwas suchen. Sie kratzen und klopfen an ihrem Spielzeug, und irgendwann fliegt es auseinander oder bricht in der Mitte entzwei. Erst dann sind diese Kinder glücklich und haben vor Freude Tränenwasser in den Augen.

Die Ameisen horten alles, was sich fortschleppen läßt. Ihr kranker Eifer hat etwas Theatralisches an sich. Wenn es nach meiner Mutter geht, soll ich mir ein Beispiel daran nehmen. Sie erzählt mir diese scheußliche Geschichte von der Grille, die den ganzen Sommer über auf dem Zweig hockt und an ihrem Körperende Geige spielt. Sie vertut ihr Leben mit dieser kostenlosen Musikdarbietung und versäumt es, für die gestrenge Zeit des Winters Nahrungsreserven zu horten. Irgendwann fällt sie zu Eis verklumpt und tot von ihrem ebenfalls verfrorenen Zweig. Mutter ermahnt mich, bis zum Äußersten zu gehen. Ich zertrete jeden Ameisenhaufen, der mir unter die Füße kommt.

Die Ahnen sind wichtig in unserem Haus. Auch wenn ich stumm bin, lärmt es in meinem Kopf von den alten

Legenden, die meine Mutter zum Besten gibt. Sie ruft mich in die Küche. Sie hat die Hände im Spülwasser und sagt: Früher im anderen Land haben sich unsere Frauen Blutweiderichzweige ins Haar gesteckt. Sie sagt: Die Steppe speicherte die gewaltige Hitze, und von der Glut wurden die Menschen verrückt. Sie sagt: Dort hat man die Pferdediebe gehängt und die Gotteslästerer und die Schamlosen, die an anderer Männer Frauen Gefallen fanden. Die Gehenkten hingen an den Bäumen, und ihre herausquellenden Zungen wurden sehr bald grau und braun. Sie sieht mir in die Augen, und ich wende den Blick schnell ab. Sie sagt: Wer wegblickt, hat etwas zu verbergen. Sie schickt mich wieder zurück zu meinen Hausaufgaben. Die Ahnen sind Menschen gewesen, die zu leben wußten. Die Feinde hatten Scheitan als Verbündeten. Den Ahnen stärkte Gesundheit den Rücken. Sie schworen Rache und vergaßen diese Rache nicht, das hieß, Genugtuung verlangen. Ihr Zorn war leicht übertrieben, doch wie meine Mutter mich lehrt, kann nur gerechter Zorn und Reinwaschen mit dem Feindesblut einen Stamm zusammenschweißen.

Im Pausenhof schaue ich den fremden Kindern zu und frage mich, ob sie meine Feinde sind. Sie fragen mich, ob ich noch Windeln trage, und lachen drauflos. Ich würde sie alle gerne töten. Ich stelle mir vor, wie ihre kalten toten Körper auf den gelben Kacheln des Pausenhofs liegen und wie ich auf ihren Leibern spazierengehe. Wenn Gott es in der Hand hat, soll er ihre Lungen zerstechen.

Doch mir fällt Stärke schwer. Ich verlaufe mich sehr oft im eigenen Viertel und setze mich auf meinen Schulranzen, um das blanke Weiß vor meinen Augen zu verscheuchen. In diesem Weiß gibt es keinen Platz, wo man Dinge hinstellen kann. Wenn ich die Augen schließe, sehe ich ein Gewimmel von Ungeziefer alles Weiß überfallen. Ich erbreche einen Schwall Mücken, die feucht schimmernd auffliegen. Ich schmore in dieser weißen Hitze und habe den Geruch von verbrannten Haaren in der Nase. Der Mann vom kleinen Edeka-Laden tritt heraus. Er trägt rote Hosenträger und hat eine senkrechte Runzel zwischen den Augenbrauen. Sein blöder Arsch riecht schlecht. Mutter sagt, der Mann würde mit dem Hintern reden, und vor den Gasen soll ich fliehen. Ich gehe weg, obwohl er mir einmal eine volle Flasche Sprudel geschenkt hat.

Der Tisch ist gedeckt. Meine Mutter überprüft, ob meine Fingernägel unzerkaut sind. Der Auberginenbrei klebt am Gaumen, und die unzerstampften Kerne bleiben zwischen den Zähnen stecken. Mein Vater tunkt Weißbrot in Olivenöl, so daß sein Bart ungesund glänzt. Er dankt Gott dafür, daß er uns mit reichen Gaben beschenkt hat. Ich soll in sein Gebet einstimmen. Ich hasse diese Abschluß-Amen, und ich hasse alle Auberginen dieser Welt. Die täglichen Segenssprüche zu den Mahlzeiten sind nichts wert. Trotzdem sage ich meiner Mutter: Eline sağlık. Gesundheit deinen Händen. Elin dert görmesin. Mögen deine Hände sich nicht in Sorgen verstricken. Und meinem Vater: Kesene bereket. Fülle deinen Geldbeutel.

In der Familie wird auch viel über die Irre geredet, die sie zurückgelassen haben. Man nennt sie »die Verstörte« oder »die mit den ungesunden Augen«. Ich erinnere mich, daß sie ihre Kleider am Leib zerriß und in Fetzen hinausstürmte und ihren Freigang wie ein meschuggener Truthahn genoß. Sie war im Gesicht naß, und es war eine ihrer Marotten, mit einem Filzstift ein drittes Auge auf ihre Stirn zu zeichnen. Die Farbe verschmierte und hatte das Aussehen einer Wunde. Man band sie mit einer Fessel ans Tischbein. Wenn sie einen Anfall bekam, wimmelten Blasen in ihren Augen. Sie verströmte den Geruch von Ansteckung und Fäulnis. Die Familie bedauerte den Verlust ihrer Würde. Ich weiß, daß die Verstörte es liebte, ein ganz bestimmtes Lied zu summen: Wolken kommen zusammen, und der Sturm ist nicht weit. Dabei tat sie so, als würde sie mit Häkelnadeln hantieren.

Da, wo ich herkomme, haben die Kinder mit den Fingern geschnipst, um vom Lehrer drangenommen zu werden. Hier hebt man einfach die Hand. Es gibt Kreide im Überfluß. Mit dem nassen Schwamm wischt die Lehrerin über die Tafel. Unser damaliger Schulleiter führte immer ein Holzlineal mit sich, und seine Rechte konnte einem das Genick sprengen. Hier habe ich noch keine Züchtigung erfahren.

Mein Mund wird anders. Meine Zunge kann über die Lippen springen, ohne daß sie sich verletzt. Ich kenne mich jetzt besser aus in diesem Bereich oberhalb der Kehle, von wo der Atem Anlauf nimmt, um die Worte zusammenzutreiben. Sonst schlucke ich runter, was mir in den Sinn kommt. Die deutschen Flüche haben nicht die richtige Kraft. Man sagt hier nicht: Du schwanzgeringelter Sohn einer Hure, die ihr eigenes Monatsblut trinkt und davon besoffen wird und sich eine tote Ratte in den Hintern steckt! Die Flüche hier sind einsilbig und ordentlich wie eine aufgeräumte Kammer. Die deutschen Kinder bewerfen sich mit Erdklumpen und Nutellastullen. Die Knaben grabschen sich gegenseitig am Geschlecht und rufen: Omelette! Die Mädchen stecken in gerüschten Kleidern. Sie passen darauf auf, daß sie sich nicht schmutzig machen.

Ich habe es gesehen. Ich stand abseits, versteckt hinter einem dicken Stamm, aber mein Wunsch war es nicht, mich versteckt zu halten. Ich höre leises Gemurmel in der Nähe. Blätter rascheln. Ich sehe, was ich sehe: ein seltsames Spiel. Zwei Knaben aus meiner Klasse, und beide sind unterhalb des Nabels nackt. Der eine legt sich grinsend auf den Bauch und verdreht den Kopf, damit ihm nichts entgeht. Der andere reibt seinen Unterleib am nackten Hintern des Knaben. Sie kichern wie kleine Mädchen, dann werden sie still. Irgendwann wechseln sie die Stellung. Es ist das Reibespiel meines Vaters, der aber dabei immer ein ernstes Gesicht macht.

Mein Großvater schrie einmal betrunken: Wer das Loch einer Hure leckt, muß seinen Mund mit Seife waschen. Meine Mutter verließ daraufhin das Zimmer, mich zerrte sie hinaus und gab mir ein paar Ohrfeigen. Sie sagte: Du mußt dir die Augen und die Ohren zuhalten, wenn unanständige Dinge über dich kommen. Jetzt halte ich meine Augen nicht zu. Ich sehe, was ich sehe.

Meines Vaters Rücken: Das Hemd spannt, wenn er zu Boden geht, um ihn mit der Stirn zu berühren. Im Gebet verscheucht er die Krähen der Angst, die das Herz vereisen lassen. Auf den Schultern der Ungläubigen hocken die schwarzen Vögel. Niemand kann sie vertreiben, denn sie haben guten Halt gefunden. Ihre Krallen umspannen das Schlüsselbein. Sie sind Gottes Buchhalter, merken sich alle Vergehen und schicken ihre Kuriere, so klein und flink wie Spatzen, hoch zum himmlischen Richter. Wenn das Leben ein Ende hat, wird es heißen: Es steht im Buche geschrieben. Ich bin Dreck und aus brackigem Wasser, und wenn der Höchste Richter nicht seinen heiligen Atem in den Schlamm hineingeblasen hätte, wäre ich längst verdampft. Das sagt mein Vater, der die Neunundneunzig Schönen Namen Gottes am Rosenkranz zieht.

In unserem Haus geht Gott um, und alles Erhabene braucht ein Dach.

Befreites Gebiet sie
und belagerte Wesen wir

Nilüfer, 36, Betreuerin
in einem Heim für junge Frauen

Sie ist eine gute Bekannte. In den achtziger Jahren floh sie nach Deutschland und erhielt politisches Asyl. Seit ein paar Jahren kämpft sie mit Magengeschwüren. Sie sagte einmal beiläufig, daß nichts so viele Krankheiten mache wie der ewig währende Kampf allein gegen Windmühlen.

Was im Homeland geschah, nun, das ist eine eigene Position im grundeigenen Verhältnis, ich will jetzt meine Sehnsucht, die mich ja einwandfrei anwandelt, nicht ausgewildert wissen ins Passierte, der Zeitsprung bringt kein Heilsgeschehen, das verschlammt nur meinen kühlen Kopf. Die Trennung von meiner City war ein Ableben: Cut und hier mal wieder von vorn. Der Druck von vorn. Körperzusammenflicken von vorn. Seelenhaltestange rein ins Fleisch trümmern von vorn. Auge und Augen auf mich gerichtet wie gehabt als Beginn. Leicht gesagt: Sei da oder pack mal an die neue Materie, erst bist du flüchtig vor widriger Scheißpolitik und reichst ein deinen Schein, dein Antrag auf Aufnahme ins immense Deutschland, wie's mir damals schien, aber bald fiel bei mir der Groschen und den Einheimischen die Kolossalmaske. Wie's mir ging und was ich anstellte, hat deine Leser ein Scheiß zu interessieren. Meine Kritik kommt von mir, und sie sollen wissen, sie, die Deutschen, daß Friedensschluß nicht möglich ist mit ihren fettigen Türkfeindideen, ich werfe ihnen den Teller Pennersuppe ins Gesicht.

Habe mich schwer getan: sich aus den Fesseln in die neue Art reißen. Das Behagen, still dein Amen hinzublättern für geruhsames Lagern auf der Couch, das Leben für die Ruhetablette danach, war nie mir gehörig und ich sah's als Pseudobeschwerdefrei anderer Leute. Das Leben, das ich im Sturm nur kenne, hoch zum Gipfel, runter ins staubige Tal, war schon immer mein Hauptteil. Was also fand ich vor zwischen leicht gesagt und schwer getan: Die hier waren sich ungeheuer viel Last, und diese Kannibalenbeute verpaßte sich Puderkram und es entstand: persönlich. Entstand: Ich bin saurein persönlich und lasse außer Seife nichts an mich heran. Entstand: Ich bin von meinem Schwindel angetan und bin zu Recht ein Abgesprungener. Entstand: Ich bin soloprivat und bleib dabei! Auch wenn ich nach abgestandener dicker Seminarraumluft rieche. Auch wenn mein Magenorgan mich wie der Teufel preßt. Auch wenn man es mir ansieht, meine fettbusige Nonnenstinkart. Denn Dogma ist und es entstand: Bin der letzte Schrei als Solist.

Bekam denn aufs Auge gedrückt einen Job, einen klaren Job, wie ich dachte, aber ernüchtert wurde ich denn sehr schnell: In einem Berliner Mädchenhaus, wo aus demselben Geschlecht alle Arten n Problemwimmel schafften. Da mußt du schon gleich nach dem Einstieg wirklich feststellen, daß für jede Sorge derselbe Einmachüberzieher feilgeboten wird: Biste vergewaltigt, kriegste dieselbe Entkorkungskur verpaßt wie für ne Zwangsverlobung mit deinem Cousin aus dem Hinterwald. Das nenne ich ein Fotzenknipserprogramm, da stehen verbissene Rutenweiber in der Gegend herum und wollen diesen gefallenen Mädchen n Gesinnungsregister reindreschen oder die Mösenlagersitte beibiegen. Also gleich Terz und Zoff, was ich nicht ausstehen kann. Zum Teufel damit, ist dies Fashion, immer und überall Mächtigkeit vorzuführen? Wenn ich sehe, daß Akademikerbräute hirnhühnern und auf Rauhbein tun, und die Mädchen sind ja großem Dreck entkommen und wollen doch nur Menschenfrauwärme und Auffang, und da wird diese Differenz nicht gesehen, aber Internatsklauseln durchgebetet, ja, dann werd ich böse und muß die Schützlinge bewahren vor neuem Unheil. Was sich nicht fügt, muß übel verstellt werden, und nach dieser Devise kamen dumme Erzieherinnen an, kamen mir mit dem Vorwurf: Du kannst keine Grenze ziehen! Ich sagte: Was für eine Grenze, ihr Damen der höheren Bildungswelt? Und sie sagten: Du darfst die Mädchen nicht in dein Bett lassen und sie streichelnd trösten. Weißt du, diese Kitzlerwichser haben es sich schön zurechtgemacht: Dort die armen armen Opfergören und hier wir, die Leutnants der reinen Menstruation, und dazwischen ein großer unüberwindbarer Wall. Die verstehen Zuneigung höchstens als Buchweisung, und sie selbst gehören zu der Clique der Solos und Persönlichs, ihr Kopf ist kaputt, ihre Möse ist kaputt, ihre Gelenke sind kaputt. Annähern tun sie sich nur ihrer Gutenachtpille. Grenze ziehen ist das Oberwichtigste, daß dabei Abfuck-Tarife der Patriarchenwelt rein ins Haus schneien, ist ihnen schnurz, sowas merken diese Menstruationsemanzen ja gar nicht. Ihre hauptamtliche These: Fremdlandfrau wird immer unterdrückt! Deutsche reine Strahlefrau dagegen hat sich wunderschön befreit und steht also ne Sprosse höher und muß uns Barbaren Aufklärung ins Gesicht speicheln. Im Mädchenhaus haben diese Pseudoweiber von Erziehungsauftrag geschwätzt und mir als Erzieherin groß beigebracht, was Sündentabu ist: Kopftuch ist kaka, Türkenmann ist kaka, und das »-Innen« wegzulassen ist oberkaka. Ich kenne sehr viele mit Kopftuch, und das ist denn eine Handbreit Schmuckstoff um einen wirklichen Kopf, verstehst du, ein heller Geist glüht immer, die sind viel freier als diese verbiesterten Zierfeen, die eine Macht nach der anderen jagen und die Mächtigkeitssumme hochstapeln zum wissenden Urdeutsch, und verhandelt wird in zwei Klassen: Befreites Gebiet sie und belagerte Wesen wir. Und dann ihr Spruch: Wir sind autorisiert! Es gefällt uns nicht, was wir sehen, aber im günstigsten Fall akzeptieren wir! Weißt du, ich und meinesgleichen haben es mit diesem Urdeutsch zu tun, wir verfallen der Fummelfeme, nicht weil wir etwas verraten, sondern Mithilfe und Mitarbeit an Urdeutsch verweigern. Ist ein Krieg zwischen Weiß und Bimbo, und der Krieg wird sich in Reservaten und Nischen und Regionen und Ghettos flott austoben, das garantiere ich dir, das Urdeutsch führt den heiligen Krieg wider uns minderwertige Bimbos, und Integration ist nichts anderes als Gleichschaltung und heftigstes Manöver, um uns Bimboweiber zu Lesbenliebchen oder Kaufmiezen für Hängebauchproleten zu drillen. Ich habe es satt, mit Sterilfrauen zusammenzuarbeiten, ich habe es satt, exotische Gesteinsproben aus dem Hut zu zaubern, ich habe es satt, immer wieder auf den Grund des ganzen Spuks zu stoßen: Die Bimbos, ob Mann oder Frau, sollen den Einheimischen ein Deutschland liefern, womit sie leben können. In so einem Dienst bin ich gefordert all die

Jahre lang und hab die Lust nicht mehr auf ständiges Faust-auf-den-Tisch, damit sich dies verviehte Urdeutsch verpißt in den mistigen Ursprungsstall. Feine oder grobgegrenzte Unterschiede zwischen Idee-Elementen sind erstunken und erlogen, Alemanemanzen räkeln sich wohlig im harten Gestühl der Männerwirtschaft, Antibürgerliche winseln in Sozialfallbaracken um mehr Staatsgnade, die Boheme ist ein dreckiger Haufen von Kaffeeschlürfern und Waffelfressern, Steineschmeißer von einst sind Guruknöchellecker geworden, Yuppiepimmel wollen die Armen wie Zecken zerknacken, und das ganze Land stinkt zum Himmel mit seinem Recht und seiner Freiheit. Aber dann das Maul bis zum Arsch aufreißen: Ihr Türken habt den Aberglauben, du Türkfrau müssen schmeißen weg Kaka-Kopftuch, Türke wehe du werden frech, Türke du nix Hirn, ich dir zeigen wie gehen das, Türke du verziehen dich ab nach Anatolia, wenn du hier nix anpassen, ist unser Land. Anpassen heißt was? Zum Vasallen des Urdeutsch mutieren! Klotten vom Leib reißen, damit sie mit Stinkefingern fummeln und grabbeln am Türkleib. Ihr Treiben ist Schädelmessungsgewerbe, schon immer Tradition gewesen und wird immer so bleiben. Also ist unser aller Befreiung: den Urdeutschraum zerschlagen. Und wenn ein Deutscher fragt, wie kanner helfen, sage ich nunmehr: Misch dich bloß nicht ein und kümmer dich lieber mal um deine Neurose!

Was ist normal in diesem Land?

Devrim, 24, Kunstgeschichtsstudentin

*Ich lernte sie auf einer Veranstaltung kennen, zu
der mich eine türkische Akademikervereinigung
eingeladen hatte. Im Diskussionsteil stimmte sie
meiner harschen Kritik an der türkischen Vereins-
meierei begeistert zu. Unsere Gespräche fanden
ausschließlich in Restaurants und Cafés statt.*

Der Nutzeffekt, immer wieder der Nutzeffekt: Hat etwas
einen Nutzeffekt, oder hat es keinen Nutzeffekt? Ist der
Nutzeffekt von Nutzen, hat er einen Kern, oder ist er hohl,
oder ist der Nutzeffekt irgendeine Prickelerregung, so daß
einer sagen kann, wenn er denn den Nutzeffekt meint:
»Ich hatte plötzlich eine Gänsehaut«?

Ich lese im Prosaalbum, im Abfallalbum einer Bekannten: »Auf dem Berggipfel stehen, unter meinen Füßen
schmilzt die Eiskappe dahin. Ich spüre eine Art Wohlsein,
mein Herz ist nicht mehr so verhalten ...« Das ist wohl
eine bescheuerte Damenmauligkeit, und im nächsten Moment, den ersten Kulturschock habe ich weggeschluckt,
denke ich: Ist sie das wirklich, was da auf dem Papier
steht, oder ist der Nutzeffekt drin? Was ist denn los in
diesem Land? Und die Antwort: Gläserrücken und pen-
deln, Memoiren schreiben und Pillen reinpfeifen, Veganer
sein und Hausvater sein ist los. Ein Astrobuch in Groß-
druck kaufen ist los. So kaputt sein, daß man Liebe als
eine Wärmebeschaffungsmaßnahme versteht. Kinderwa-

genschieben finde ich dufte ist los in diesem Land. Ein Latexkostüm aus der Sommersadomasokollektion, eine indische Tamtamerrettung, eine Magermilchkur. Alles fährt die Einbahnstraße. Alle reißen den kleindeutschen Mundraum auf, und ich sehe ein kotzweißes Kukident- gebiß. Frauenkeulenschwinger krähen wimmernd nach der letzten Ölung. Was ist normal in diesem Land? Eine Schulfreundin läuft seit ein paar Wochen mit einer Grin- se herum, als hätte man sie quer durchs Gesicht ge- schlitzt. Sie ist natürlich, wie denn auch anders, in diese Weihrauchsekte eingetreten und belegt ein teures Semi- nar nach dem anderen. Sie spricht von Sris und Babas, von Sartori und dem mystischen Land der weißen Ele- fanten. Aha. Geht mich das was an? Nein. Aber sie läßt nicht locker. Geschwätzig mitteilsam ist sie geworden. Den Missionskillerblick hat sie gekriegt. Und ich bin das geborene Opfer. Klar: Die blöde Muselmanin gehört be- kehrt, gehört angemuffelt, weil sie meint, daß sie sich auch selbst verarschen kann. Ich mache keinen Hehl aus meinem Unbehagen an ihrem Behagen an Lametta. Deut- sche Mittelstandskinder werfen ihr zerbombtes Hirn über Bord, und sie strahlen so krank und zuversichtlich, als hätten sie soeben ein paar Juden in den Ofen geschoben. Ein schlimmer Vergleich, ich weiß. Was ist also normal in diesem Land?

Deutsche nennen ihr eigenes Land das sinkende Schiff und verlassen Alemania in Scharen. Sie gehen entdecken, wo ihnen das Glück blüht. Lassen liegen, was in ihren Augen keinen Pfifferling wert ist. Der Rest glaubt an ein Deutschland, das aus drei Puzzleteilen besteht: braunes Sofakissen mit Borte, Solarium und Alpenglühen. Im Ghet- to brüllt das Kanak-Kid nach more future. Na und? Kratzt es jemanden? In der Provinz-McDo-Filiale ist ein Türke »Unser Mitarbeiter des Monats«. Das ist ja der helle Wahnsinn! Mein Gott, sind wir angekommen und richtig beteiligt! Wir klopfen uns gegenseitig auf die Schulter. Das nenne ich Sensationsintegration. Ein Vollwertköstler beschreibt mir Müslicocktails: »Den Sprießkornhafer muß man erst mal keimen lassen. Bitte achte darauf, sei mit Geist und Körper bei der Sache.« Bei welcher Sache bitteschön? Aber er fährt fort: »Akazienhonig, Mohn und Rosinen, Korinthen und Kokosraspeln ...« blablabla. Also ja, der Nutzeffekt, hat er einen Kern, oder ist er hohl? Und sie reden und reden und reden. Meinetwegen über tibetanische Levitation. Über Claudia Schiffer. Über indianische Schwitzhütten. Fahren nach Florenz. In die Toskana. Sie haben billige Hochadrenalingefühle und führen Prozesse. Erschlagen ihren Nachbarn, weil dessen Wellensittich nachts trillert. Sie faseln über Standortbestimmung, die Deutschen, und sie haben plötzlich vorgereckte Kinne, wenn sie über Geschichte wichtigklügeln. Der Geschichtsunterricht endet im KZ-Dilemma. Wir können ja nicht ewig büßen, so hört man von ihnen. What's Deutschland? What's Moral? Das ist denn das Gegenteil von Babylon: Da greift Gott herunter, fegt den Boden sauber von Unrat und setzt der Verwirrung ein Ende. Immer greift der herunter, ausgerechnet immer dann, wenn dem Deutschen danach ist, etwas mehr Raum zu haben. Und der Türke hat n Ghettobody und brüllt und brüllt. Nix und niemand erhört ihn. Man läßt ihn nicht raus, mein Gott, wenn er aus dem Ghetto herauskäme, wäre ja der Mongole los. Und dann der Schuhattentäter: Ein Zwanzigjähriger gesteht, zehnmal Heftzwecken, Angelhaken oder Skalpellspitzen in Schuhe gelegt zu haben. Couch potatoes vorm Fernseher. Fressen Fett an und meinen unaufhörlich, es mische sich zu vieles mit zu vielem. Es gehe nicht an, daß der Neger auf »unsere Frauen« ein Auge werfe. Daß der Türke frech werde: der mit seinen Messerstechereien. Ob Beletage oder Parterre, die Leute verlausen im Kopf, weil das Gemetzel ausbleibt, weil der Videorecorder im Arsch ist, weil Muttis Eintopf heut nicht so richtig schmecken mag, weil es keine Freikarten mehr gibt, weil die anderen Loser und überhaupt Schweine sind, weil das Wetter nicht mitmacht, weil zu viele Penner vor dem Kaufhaus herumlungern, weil Frau Meyers neue Haartönung wirklich verboten gehört, weil Frau Jürgensen in Straßenköterblond herumlatscht, weil es sich so geziemt, weil man eine teure laufmaschenhemmende Strumpfhosenmarke gekauft hat und sich Kaufreue einstellt, weil Tekkno nur Discomusik mit anderen Mitteln ist. Blablabla.

Ich bin die Hirnannahmestelle

Gönül, 25, Philosophie-Studentin

Ich war mit ein paar Freunden an der Kieler För-
de. Eine Gruppe »gebildeter Türken« gesellte sich
zu uns. Nach kurzer Zeit gab es einen heftigen
Streit über Sinn und Unsinn von Identität. We-
nige Tage später traf ich sie zufällig in einem
CD-Geschäft in der Stadt wieder.

Mein Dasein, sagt der Deutsche, das reißt mich von all
den sekundären Sachen weg, es ist mein ein und alles,
mein schönes stinkiges vulgäres wahres Dauerwellen-
dasein, das möcht ich nimmer vermissen, mein Gott, ist
mein Dasein primär, ich bin da, und schon gibt's dieses
Mein-Dasein, und ohne es kann ich nicht mehr atmen-
fressenscheißen, ich könnte mich glatt auf eine Seifenkiste
stellen und dem Parkmob zubrüllen: Ihr sucht das Falsche,
was ihr sucht, ist Mein-Dasein, das ihr euch reinpfeifen
müßt wie Fruchtgummiherzen. Ihr werdet high sein vom
Mein-Dasein und eure privaten Interessen vergessen. Ich
war Klassenbester, sagt der Deutsche, ich war Klassenbester und bin überhaupt nach all den Jahren der Champ.
Ich war Klassenbester, ich war Klassenbester, ich war
Klassenbester ... Der Deutsche weiß alles besser, kennt die
Hype-in-Szene-mega-cool-voll-stark-eyy-Läden und rüsselt
dich mit seinem ollen Mein-Dasein-meine-Verwirklichung-
Geschwätz nieder. Du kannst einfach nicht mithalten,
sagt er dir, ich habe Sachen erlebt, da kannst du gleich

einpacken, aber ich will ja nicht so sein, also, das verhält sich nämlich so ... Er tuschelt dir seine dummen, lächerlichen Sprüche ins Ohr, seine Papalagi-Einsichten, und dann plötzlich in einer besoffenen Minute erzählt er dir etwas über die deutsche Sprache, er zitiert: »Säg doch mal die Arme vom Juden ab, das vermindert das Packmaß, dann können wir das Ding gut reinschieben.« Zitat Ende. Der Deutsche und das Ungeheure. Er habe es gelesen, und er könne nur staunen darüber, wie präsent der Wortfluß sei, wie vielsilbig und schlicht, wie man es geschafft habe, das unsägliche Grausen bildhaft zu machen. Und dann kommen ihm die Tränen. Weißt du, was das heißt? Dem Deutschen wird ganz anders, er entschwebt auf eine wirklich packende Seinsebene, und damit sein Wichs-mein-Dasein nicht so nackt dasteht wie der König im Märchen nach dem gestreckten Zeigefinger, entdeckt er die Philosophie. Sie liefert ihm den heißen Stoff: Seinsebene, mentaler Quantensprung, das wirkende Subjekt und so weiter. Die nette intelligente Formulierung, und schon ist er wieder im Planschbecken seiner Ergüsse. Und dann wird es Zeit, daß er sich erhebt und sagt: Manchmal habe ich dieses schneidende Gefühl, es ist, als ob mich irgendwie Dämonen anfallen. Der Deutsche hat spätestens jetzt den Mythos, die Legende und das Ammenmärchen entdeckt. Die Geschichte versteht der Deutsche ja nur als eine Summe von privaten Seelenrettungen. Kanonenboote kommen vorbei und schießen die geplagte arme Germanenseele frei. Da soll nichts anderes wachsen und gedeihen, da soll alle Kultur vergehen, weil nur am Deutschen Wesen die rohe primitive Seele genesen kann. Wilhelm war Jesus. Bismarck war Jesus. Hegel und Heidegger waren Jesusse. Der soge-

nannte moderne Bundesdeutsche hat diesen Preußen-
muff gefressen. Er sagt: Jetzt reden wir mal Fraktur. Er
sagt: Ich will dir mal reinen Wein einschenken. Er ist
Häuptling aller Basariwahrheiten. Es ist völlig egal, ob er
sauber gescheitelt ist oder einen Zopf trägt, er möchte
auf Teufel komm raus seine obergescheite Idee von den
Dingen »irgendwo ansiedeln« und behaupten, daß von
»hier« aus die Kraftfelder nur so herausströmen. Was aus
diesem Nest flüchtet, muß krank sein, muß so verdammt
fremd sein. Es wird nie wieder hineingelassen. Im Seminar lümmeln diese Menschen herum, sie glauben, Philosophie sei nichts weiter als müßige Kontemplation. Irgendwann ist ihr Sprit alle, und man sieht sie auf der
Jagd nach dem platonischen Dauerbrenner, der mit
Höllentempo durch die Prärie kachelt. Oben drauf, auf
diesem ewigen Reitvehikel hat unser Deutscher Platz genommen und schreit in die Wildnis: Die ewige Idee kann
nicht anders als ausmerzen, das liegt in ihrer Natur. Ich
habe einige Philosophie-Freaks auf dieses Ausmerz-Mon-
ster umsatteln sehen. Über Nacht wurden sie zu Dozen-
ten ihres Schrullen-Plemplems. Die Geschichte, sagen sie,
kommt über die Menschen wie ein plötzliches Unwetter,
und die Hagelkörner treffen immer die Richtigen. Und das
Imperativ, da gibt es diese Ahhs und Ohhs, wenn das
Imperativ dahergrölt und sich im Rausch einstimmen
kann, dieser falsche Artikel ist übrigens so eine Art Kunst-
griff von mir, ich sage das Imperativ, damit diesen öligen
Clubphilosophen das Gesicht abrutscht, damit sie diese
Gramfärbung, dieses Kummerrot, diesen Richtigsteller-
dünkel herauskehren können. Plötzlich spielt nämlich die
Grammatik in die Pampe hinein, also etwas, was sie die
ganze Zeit meinen: Du als Anatolierin, als kurzbeinige

Frau, du mit deinem Abitur, nun gut, das können wir ja irgendwie nachvollziehen. Aber bei so einer ernsten Sache wie dem Imperativ mußt du aufpassen. Da hört der Spaß auf, nimm uns das nicht übel, und wir meinen es wirklich gut mit dir, aber eben der und nicht das Imperativ. Und ich sage: das Imperativ. Sie nehmen von jedem Satz Tonnen mit, und am Ende landen sie im Schrebergarten. Weißt du, das freut mich so höllisch, mit einem falschen Artikel sprengst du Dutzende Telegraphenmasten, die kopfmutierte Philosophie mündet in der Lehrstunde Deutsch für Ausländer. Ich liebe diese herrlichen Da-haben-wir-den-Salat-Erkenntnisse! Aber intelligent, bitteschön. Also meinetwegen dieser Satz: Angst fressen Seele auf, ich glaube, so heißt ein Film von diesem großartigen, na, wie heißt er noch mal, ja, Fassbinder, also so ein Satz jagt mir wirklich Schauder über den Rücken. Ein blöder Ethnoprotz ist das, mein Gott, man müßte diesen Fassbinder wieder ausbuddeln und sein bleiches Gerippe schütteln und ihn fragen, was ihn denn gezwackt hat damals. Schmust er doch mit dem Infinitiv, mit dem Hubba-Hubba-Lall. Ein Muhkuh-Reim ist das, etwa so, als würde ein Bernhardiner mit dem Schnapsfaß plötzlich die Pfote an die Stirn legen und weisen Kläff von sich geben. Also die Deutschen schämen sich ja mittlerweile wegen ihrer Intelligenz, ich meine eigentlich etwas anderes: Trifft man auf einen richtigen Intelligenzbolzen, stellt dieser sich an, als hätte er etwas zu bereuen. Richtig guter taffer Grips wird wie ein schäbiger Restposten gehandelt. Der Ausstieg aus dem Hirn ist ein Dauerthema. Ich kann es nicht mehr hören, wenn jemand mea culpa winselt, weil er zu verkopft sei. Die Verblödung schleicht sich so übel dahin, die Dröhnköppe dämmern da dumpf dahin. Die Deutschen hauen ab vor der Denkdekoration, kleben aber wie gehabt am Edelparkett ihrer piefigen Innerlichkeit. Das ist das große Problem. Wenn du mich fragst, wird jeder halbwegs vernünftige Gedanke verbogen und bekommt Fransen und Brandlöcher, und am Ende ist aus dem Gedanken ein Fetzen geworden. Mein Gott aber auch, es gibt etliche, die dir glauben machen möchten, sie seien wie der ans Holz Genagelte übers Wasser gegangen und hätten allerhöchstens drei Tropfen am Hosensaum abbekommen. Und es steht eine Menge Menschen um den Spinner und nickt fromm. Nun gut, du kannst dir zwar vornehmen, dein Hirn loszuwerden, aber die eigentliche Frage stellt sich dann ein: Wo gebe ich es ab, mein Hirn, das verhaßte? Spätestens jetzt rückt dir die Esoterik auf die Pelle, all diese verlausten Gurus und die Sekten. Sie sagen dir: Ich bin die Hirnannahmestelle, rück das Ding gleich rüber. Und wo wir schon dabei sind, du kannst gleich ein paar große Scheine rüberwachsen lassen. Und dann kriegt man seine Sprüchesammlung: Hafte nicht an den Dingen, und du mußt dir selbst in den Arm fallen, und wo sich Erfolg einstellt, da mache einen großen Bogen drum. Der erste freie Freudestrahler wird mit den Worten abgeschmettert: Nur nicht übermütig werden, die Kuh ist noch nicht vom Eis.

Mein Schönrein-Dasein, sagt der Deutsche, will ich schützen gegen fremden Zingel-Zangel, ich will eine knallharte Grenze setzen gegen die Bösemänner-Flut, die über mich kommt. Mein breiiges teigiges einzig sinnvolles Altmännersperma-Dasein.

Die Faust ist die deutsche Festung

Ayşe, 27, Prostituierte

Arbeitet auf dem Straßenstrich. Eine gemein-
same Bekannte stellte uns vor. Sie sah mein
Diktaphon und fragte mich, ob nur wichtige
Leute daraufsprechen würden. Ich antwortete,
daß jeder, der etwas zu sagen hätte, einfach
drauflosreden könnte. Danach war sie nicht
mehr zu halten.

Pah! Dreck und Scheiße! Sollen Ratten s Zeug futtern, is
alles Rattensensation. Machen ihre Nadelkopfaugen auf,
rasen aus Mülltonnen hin zum Zeug! Pah! Und dann:
schinanay yavrum schinanay nay!
  Idi Amin Alman, Kampotscha Almanya, nullnullnull plus
null Almanya, und nun ist die Frage an mir: Hab die eine
Hand still, gut, und wo bleibt die andere, von woher
kommt sie? Und dann knallt's bummbumm: Reißt rein ins
Dreckstille, und nun ist wieder noch mal fragen an mir:
Wo ist mein Hit, wen treff ich mit so nem Hieb, was saust
da vollganz gegen Hutze-Deutsch? Düschman, der Feind,
ist ne Faust inner Fotze! So hart ist nun so n Satz, werden
Gebildete nach hinten aufn Plüschteppich kippen, werden
fallen, weil da n Maul, das gluckst das schmeißt hoch das
brüllt was her das kotzt Protest das raunt Scheiß-Laber
das marktschreit das ungebildet Spucke speit: Was ist ne
Faust inner Fotze, was ist sowas? Issessex? Issesmösen-
beißerporno? Issesnmannschiebtwasreinundsprotzt? Ne

111

weiße Westsau hat null Check, ne Üniversite-Aysche hat null Check, n Mann hat null Hirn, also was is sowas, was ich rede: ne Faust inner Fotze? Lotterie-Frage, Glücksrad-Frage, Kismet-Frage oder Wahrheit-Frage? Schriftkundigen-Frage, Kick-Frage, Totschlag-Frage, Langes-Warten-mit-gutem-Ausgang-Frage oder Was-sucht-ne-fremde-Hand-in-deiner-Schleimhaut-Frage? Ist der Ekel, den Zartflaumpopo-Weißwestsäue suchen, bei mir, weil meine Worte nicht ihre Worte, kein glatter Glanz, nicht feines Ausdrücken, weil meine Worte wirklich Wort für Wort sind? Hier, nimm es als Geschenk, nimm das Zeug, laut und schlimm, wie das Leben wirklich spielt.

Was verdammt sucht ne Faust in meiner Fotze? Kommst auch du an mit: erklär dein Leben, ich scheiß doch drauf auf mein Leben, denn tausend andere haben's getan, wieso also soll mich Scheu kirre machen? Weißwestsau und Weißwestmann haben nen Verein gegründet: Sportverein Faustfick und wühlen und wühlen und wühlen: Das ist mein Leben. Über mich reden ist dieser Weißwestschweine Fickarbeit. Sie doktern an meiner Schleimhaut wie die Pest, und diese Abart ist mein Leben.

Blendend sein und aussehen käme mir ja recht, pah!, ich mach die Beine breit in diesem Ratten-Land, ich bin die Aysche-Nutte in diesem Ratten-Land, mit oder ohne Koppstoff, megahurenfett oder dirnendünn, reinmoralisch oder discofesch, hirnstark oder taubdumm, dies und dies oder das und das: Die Faust ist die Einmischung, und die Faust ist die deutsche Festung in meinem scheiß Bauch. Pah!, und sie mit Sonnemondundsternen und Schönheit und Kunst und alles sinnlos und Kirche und Lippenluft und wir sind alle Menschen und Gedichtdreck und Geld-und-Kredit und ficken und auch morgen ficken

und Falten und Rente und ihren Geschichten und Geschichten: Ich aber mit Faust in Fotze in Deutschland
verrecken...

Ein Mäßiger bläst kalt und warm aus einem Mund

Seynur, 25, Kellnerin

Ihre Lieblingsdichter sind Paul Celan und Rimbaud. Ihre Lieblingsfarbe ist Eisblau. Andere Angaben zu ihrer Person hat sie mir nicht erlaubt.

Bin von Narrenhand gepackt und ins andere Eck des Tages und der Tage zugeschmissen. Werde nicht selig vom Glauben, an welche Retter auch immer, in welchem Eifer sie auch geloben. Bin eine wesentlich Stumme, und ein Stummer redet sich heiß dreckmalerisch. Seine Worte pappen wie Klumpen Reis an Mundenden, die verrissen sind vom vielen Versuchen. Eines Stummen Gerede sieht man beginnen wie Züngellohe an Scheit. Er hat Schmutzflecken am Rücken seiner Stummheit, und Stummes geht nach vorne richtungsbesessen. Des Stummen Fechten will was Mückengleiches abwedeln, was seinen dürren Kopf umstellt, was Ruhe ihm nicht läßt. Seine Krummgichthand schmeißt sich im Zappel und kreist etwas unwichtig, preßt nur die Luft, und keiner grüßt den Stummen, der hat ja eine Handvoll zu tun. Dem seine hibbelige Rechte drückt in Faust verkramt irgend nen Nerv, und je mehr er kneift, je mehr Nullkraft legt der Stumme in seine Gichtkralle. Er will den Kopp in Ruh gelassen. Doch die Mücke ist in der Seele drin und will nicht raus.

Manchmal hat der Stumme Affenzacken im Zappel:

Krieg der Knopfaugen des Teddytürk gegen was Hinterfotziges. Es schleicht ja viel Untaug im Revier, und da kann auch n Spuk darunter sein. Man sieht des Stummen Handgepumpe im Licht, paar Reflexe an schlaffen Zwischenfingerhäuten. Manchmal ist des Stummen offene Hand auch Strahl nebst Strahl, wie aufgeschlitzte Sichtblende. Was ist mit dir los, sagt man, laß es mal gut sein! Der aber, der Stumme, findet die Zunge wieder nicht. Kann er wieder mal sich nicht einfuchsen innen Satz, was Auskunft gab. Zeichen geben, auch wenn nur mit Rülps und Spucke, oder halt eben nur n Lebenspunkt wie: Im Lot alles bei mir, und dann meinetwegen wieder stumm. So etwas wie Rausmitmscheiß ist nicht drin beim Stummen. Der muß ja immer grundlos tun. Muß alle Tage wortlos Luftkampf machen. Der Stumme hat alle Tage damit zu tun, daß obenundunten und rechtsundlinks etwas will von ihm und daß er frißt anderer geklopfte Sprüche in sich hinein zum Balgbauch, der nicht rülpsen kann.

Der Stumme, der ich bin, hat beuligen Sprech, hat Monsterdeitsch auf der Zunge. Spricht Kackmeierstammel. Und weil keiner sieht das Bild auf meiner Zunge, will's keiner wissen, von was ich sprech. Als wär ne fette Schleife gewikkelt um mein Zungenmageres, wird mein Null-Assimil-Sprech gehalten für Gaga-Unsprech. Es fragen sich die Menschen: Hat ein Gaga mir zu sagen was? Mein Monsterdeitsch aber klarwortig, ist mit allen Schikanen gesegnet. Das meiste an meiner Zunge ist Weib, doch nicht gestökkelt und mit Nuttendiesel und nimmt keinen Männerschwanz innen Mund. Der kann ruhig weiter hängen zwischen eines Mannes Beinen. Das meiste an meiner Zunge ist kein Unglimpf, und das meiste an meiner Zunge schabrackelt nicht.

Mein Auge sieht: Nährstoff kommt von uns weg, wenn wir unachtsam sind. Genommenes Material ist Gullistoff. Von uns gerissen in all der Zeit, erst gegriffen am Nakken, geschleppt inne Fabrik, dort Meister genannt den letzten Arsch, die Prolosau, die zeigt die Handgriffe, und du hast denn das Imschlafaufsagen, so drin ist der Geldverdiengriff. Die Sirene spuckt dich aus, was man Arbeitsschluß nennt. Hat Würde die Arbeit nicht, doch wer die Arbeit tut, der hat Gewicht.

Gemäßigt sein ist ne Hirnwarze, das sind Sprüche wie: Alles zu seiner Zeit! Eins nach dem anderen! Achte auf die Regeln! So ne Art Mäßigung kennt meine Wildnis nicht, kennt keine Diät in Seelen- und Körpersachen. Ein Mäßiger bläst kalt und warm aus einem Mund. Der ist stets verbrannt und tut sich vorsehen, daß ihm keine heiße Brühe unterkommt.

Den Stammelsprech schmeiß ich in dieses Land Alemania und sage, daß die nach Rache lüstern, Stoppeläugige sind, Beideaugenklappige. Auf dem Boden der Vergeltung gedeiht nur der Samen der Räudigen, der Samen des Suds und des Sudels. Und wie des Stummen krankes Stillsein Zippelzappel hat, um so lauter knarren am ärgsten die Hurenrächer und die Sudsamensüffler. Die Sau im Judenhause ist los: Das Judenhaus ist rein und geschmückt, war rein und geschmückt zu jeder Zeit, doch in Liederlichland Alemania schickt man geglockte Säue vom Trog weg in Judenhäuser. Die arische Sau treibt man mit Hurra in Edelgeistpalast, und dort, gestellt auf Hinterpfoten, Rüssel spitz aufgerichtet, wirkt die Sau als Entweiher. Die Stumme, die ich bin, will mit meinem guten Sprech die Arischsau aus reinem Judenhaus vertreiben.

Krieg den verkauften Pussies

Esra, 19, Abiturientin

Arbeitet ehrenamtlich in einem Frauenhaus, in dem die meisten Bewohnerinnen ausländische und davon ein Großteil türkeistämmige Frauen sind. Wenn sie mit der Schule fertig ist, weiß sie nur, was sie nicht werden will.

Verkappt verdrießlich trägt man Totem oder Idol oder Wiemandasauchnennt vor sich her, nämlich, als hätt man sich nen Bruch gehoben, ein Scheißwort: Aus dem Bauch heraus, da guckt die Dünndarmschleife ausm Gewinsel, das diese Bundesfrauen anstimmen, dann doch nicht so offensichtlich zeigen wollen, und also tut der Verdauungsapparat begutachten, was Sache ist in der Welt, tut den ollen Bauch vorwölben wie n Ranzsack, und ausm Bauch sprießt der Gedanke, sprießen die Gefühle, sprießt Verständnis. All diese Sauertopf-Frauen mit ihrem Regelschmerz, und was nicht menstruiert, ist Vieh oder eben Schwanzträger oder Kein-Gefühl-Haber. Paaren sich mit ihresgleichen: Gesockskerle, doof wie Stroh, doof zur richtigen Frisur, freibaumelnde Bröselbinsen unter sich, da kann nur ihresgleichen aus Muttermöse schwappen. Heißt dann: Kam unser Kindchen stockgesund zur Welt. Legen denn Tüchtigkeit ihm in die Wiege. Wird kein schöner Land draus, wie man sieht, Jammer und Unglückseliges. Richtig eingeschmissen ins Gesicht ist die Dauerknilchfratze, und Scheißangst einjagen möchte man ih-

nen, daß sie empfind-schlottern wenigstens. Tugendfreu-
dig und hummeldröhnig kippen sie um beim ersten Mittel-
schwerschmerz, nennen's schick existentiell. Fühlen sich
ein Leben lang abgenippelt von Prothesen-Nabelschnur,
die sie dann, jeder für sich im Sterilalleingang, aus dem
dösigen Oberstübchen herbeisträuben und denkfilzen
müssen, und so krude sind die gedachten Dinge, so ab-
geschmerzt und nervdosiert. Packen sich pappsatt mit
dem Phantomschmerz, gehen ran wie Blücher an nichti-
ge Materien. Wir aber waren doch dem lieblosen Milieu
knapp entgangen wie einem Attentat, waren so langsam
in ihre Mitte gekommen, aber sie halten uns ja für weiter-
hin bauernblöde, und sie die ganz Gescheiten, sie aber
große Transaktion, und großes Projekt. Und dann bedeut-
same Sätze wie: So denkt man in diesem Hause! So emp-
findet man unter uns! Bleichgepfähltes Weib, in dem wer
weiß wessen Schwanz steckt, und im Mund den Dauerlut-
scher Pint, Kaumastix Schwanz, und von befreit blahen,
und mir Anatolienheimatkunde dreinreden, von wegen:
Befrei dich auf einen Schlag. Sehe sie und denke: Sind
Kaffeekranztäntchen, Gutelauneabtöter, zugenagelt und
sehr wenig radikal. Und die Täntchen lecken sich gegenseitig die Kitzler und kriegen Mackerallüren, das schlimmste an Mann auf dem Markt wird denn angenommen,
Fraubescheißendes ist Tugend, und darauf will ich Scheiße ablassen. Und wenn ich schon dabei bin, Germanen-
dreck aufzuzeigen, dann auch dies Grundwesentliche an
meinem Reden: Nach Meckermotzpullerei steht mir der
Sinn nicht. Jene, die apfelroter Schamesbacken beleidigt
verwerfend tun, haben das blasse Wissen über hände-
volle Schweinereien im Elendsdorf Alemannistan, den
kleinsten Funken Hoffnung Besserwerden, gekickt. Ich bin

die Nutte nicht, die mitfickt. Ich bin eine Fightfrau, daß man mir Tittenmösearschundvollelippen nicht als Naturzufall ansieht. Ein zweiter Punkt, weil sowas wie Kontext muß man ja bei all der Dummorchelschwemme geradezu in Hirne eintrümmern: Was faselst du deutsches Liebchen? Ein Bein im Bürgerhaus, ein Bein im Schwangerschaftunterbrechen, heute ganz radikales Frontkeckchen und morgen, viel früher schon, Singleschnepfe, und hast vier Altbauzimmer für dich und den Wandschrank mit Lilaschokoagitpop. Das wirst du morgen werden, du, die ich meine, die sich in Frauenrecht verbeißt und Schwanzab-Parole kläfft, die Samenschlürfen verdammt und an Mehrfruchtcocktails nippt: Du bist die Neongöre, das Wohlstandsflittchen, und zwischen dir und mir klafft was Häßliches, was dir zu eigen ist, was dich ausmacht: nämlich das Geld. Du bist ein Kind dieser lausigen Gegend, auf welche Barrikade du auch gehst, deine Sache kann meine Sache nicht werden. Ich streite für Frau, du aber für Papiermösen, von Haar bis Zehe lieb ich s Frauenrecht, du gehst hausieren mit verwanzter Häßlichkeit, und daher mein ganz großer Argwohn gegen deinesgleichen. Für so ne Schickipuppis ist doch ne Türkin n bemoostes Schamlippenmodell mit Fetzenhaube, alles schön tüchtigberieseln, damit saftkraftlose Verzauberung aus dem hohlen Bauch schwippschwappt, und sie fanatica, sie ganz gaff und glotz, sie atemfrisch, sie die Nummer-Eins-Schwester, die in Türkinungemach schwippschwappfummelt, ohne die Bohne zu wissen von unserem Wirklichstand. Habe so ner Lederradikalen was gesagt, und die flippte aus, und den Text will ich auch hier unterbringen: Stelle man sich einen spießigen Wanstmalocher vor, einen Durchschnittsproll eben, der also ist tiefunglücklich über

Keine-Braut-nach-all-den-Jahren und zieht sich übers Heiratsvermittlungsprogramm ne Importvögelpuppe, heimholt ne Exotin in seinen beschissenen Haushalt. Derselbe würde nie auf den Gedanken kommen, an nen Mannkanaken auch nur einen Saustall zu vermieten. Zuhaus ne Bravmieze, die des Malochers Pantoffel untern Heizkörper stellt, und draußen lästiger Fremdgockelmob. Zweiwertig muß man betrachten, sonst wird die Schose zur Schote, aber besagte Lederradikale war das völlig schnurz und wollte wie n Missionspfaffe mich zur Flintenweibideologie bekehren. Hauptsache klappezumaustot, Hauptsache, wir fangen was mit unserem wurmigen Köder, und Hauptsache, wir tun so, als hätten wir dies und jenes nicht gesehen. Ganzer Betracht kommt nicht in die fixfertige Kotztüte dieser Schicksen, ihr Leben als Fraubefreier ist auch nur Arschleck: Bei den deutschen Tussis hat's nicht geklappt, jetzt befreien wir mal eben die Anatolierdoofis, und wenn sie unsere Ideologie nicht fressen, tun wir herrisch Gewalt an und vollstrecken, und wenn sie sturunnixmerken, haken wir das Thema ab und treffen uns in schicken Graffraukokscafes.

Ihr heutiges Quirlbesengemache ist nur Zubringer für artig Schleifenheften ans kolorierte Bürgertantenhaar: Puffigkeiten und blutlose Tuchfühlung und Stranddiscokneipendämchen und Tee am Kachelofen trinken und Schlanksportlichschwafel, und in allem nur ein Phänomen, ein einziges Phänomen: Akku leer, also mix die Stile, mix zum Glotter und Gemäßigtgeläutert. Eins also gesagt: Zwischen meiner Wahrnehmung und so einem Täntchenschicksenstrumpf herrscht Krieg. Krieg den verkauften Pussies.

Der Wissenhaber verschluckt sich nicht an Klugheit

Necla Hanım, 63, Putzfrau

Lesung in einer Gesamtschule. Necla Hanım wischt den Flur. Sie wünscht mir auf dem Weg zum Lesesaal gutes Gelingen. Ein paar Stunden später treffe ich sie zufällig am Ausgang. Sie wird gerade von ihrer Tochter abgeholt. Sie laden mich zu sich nach Hause auf Tee und Kurabiye (Trockengebäck) ein. Dort sage ich ihr, daß es mir eine Ehre wäre, sie erzählen zu lassen.

Nichts zu melden, kein Handschlag zu tun, Wasser, so wie sie flossen, fließen zu lassen, und wenn sie in andere Betten fließen, Flußbett Gott zu überlassen, der Wasserverläufe wie Striche einkerbt ins Dürre und in unsere Köpfe Wirrwarr setzt, damit wir falsch werden, weil dann unser kluger Kopf krüppelt von soviel freier Sicht und nackter Sicht und unverhüllter Sicht. Mundhalten ist mein Gang der Dinge, mit Mundzu gab man mir den Verweis, und ich mischte nichts rein, ich griff nicht zu, ich machte aus meinem Fleisch nur den Arbeitsknecht, der fein ist in Reinemache: Feudel ins Wasser tauchen, Feudel vom Dreck der Schuhe freiwringen, Feudel um gestielte Besen legen, Feudel über Böden ziehen. An nassem Feudel bleibt der Dreck kleben, akıllı oğlum, und das nur, weil ein Stück Fetzen mit klarem Wasser vollgesogen und weil Stück

Fetzen nix andres tut als über Schmutz, den offenbaren und versteckten, zu kommen wie ein Scheytan.

Güzel oğlum, bunu anlaman lazım, alles, was du tust, tust du in einem Zeichen, und das Zeichen erscheint den anderen wie dein ganz besonderes Zeichen, womit sie dich und deine Worte und dein Mundzu verbinden. Am Ende steht ihr Schlauwerden aus dir, sie sagen über dich, was sie als Zeichen erkannt haben, und meist ist ihre Mißgunst das Zeichen. Aber hör sie nur reden über mich: Sie ist eben eine einfache Frau, sie tut ihre Arbeit gewissenhaft, sie versteht ein bißchen Deutsch, man muß sich nur ganz langsam mit ihr unterhalten. All ihre nicht schönen Behauptungen über mich, ich bin also die Zeugin meines Bildes, des Bildes von mir, das man in einem Museum ausstellen kann wie all diese wild gekrakelten Kunstwerke, denn das Zeichen des Museums ist es ja, starrzumachen, damit die Dinge nicht flüchten können aus toter Luft. Ich verstehe ihre Augen ganz genau, ganz genau kenne ich ihr Schlauwerden über mich: die dicke unförmige Putzfrau, die genau befolgt, was man ihr aufgetragen hat: Nicht mehr als zwei Kappen Reinigungspulver in den halbwasservollen Eimer, das hat sie also doch verstanden, wir können uns über unsere Türkin nicht beklagen. Mein Zeichen ist ganz starr. Auch wenn anderer deutscher Frauen Kittel bunt sind, bin ich das geblümte Täntchen. Güzel oğlum, bunlar ıslah olmazlar. Wir aber, wenn wir in guter Runde sind unter uns, sagen: Ich habe soundsoviel Almanya auf dem Buckel, soundsoviel Tonnen Almanya ziehen an mir, und ich werde das Gewicht künftig nicht loswerden können: Eines jeden Los ist das, was er von der Hand in den Mund einnimmt, was er an Los frißt, und dieses Los macht deine Zellen zu lustlosen

Gummitieren, zum Scheytanstoff in gottgeschaffener Seele, die mehr und mehr zum Schmutzfresser wird. Wir fressen Dreck, und schmecken tat er uns nie.

Sanft und Heißblut, Dumm und Dreist, Schön und Tier, Löwe und Lümmel sind sich hier versöhnlich, sind sich verschwistert und verschwägert und brüllen: Was gemeinsam tun, was nur? Doch wenn man sie in ein Kessel wirft, werden bestimmt nicht sie zusammen zum guten Brei kochen wollen, das sei von mir gesagt.

Der Spießgesell ans Herz gedrückt ist ein Unrecht, und egal, ob du Mütterchen bist oder altes Aas, deinen Schrecken kannst du ihm nicht recht machen: dem Spießgesell. Kippenkalt, so wie all diese zerdrückten Sigaras, kippenkalt also begegnen sie sich, und du siehst diese Scheinherzbegrüßung, und du siehst Zerstrittene ihr Friedensbier trinken und über Unkomisches laut mundreißen, und du hörst, daß sie jeden und alle in ihren Freundeskreis bitten. Da möchte ich hingehen und sagen: Wirres Kind aus gutem Haus, siehst du nicht wenigstens in der Regenpfütze dein Spiegelbild? Wer hat Kindes Herz Greuel gelehrt? Wie hat man dich zum Giftnapf gelockt?

Ist Mensch Gehör geschenkt, hält er inne, lauscht. Dann liegt es an ihm zu wissen, und er weiß mit der Zeit, daß der Donner grollt und daß der Fels ein Körper aus vielem Stein ist und daß es in der Stadt Tore gibt einzutreten oder rauszugehen.

Und doch bin ich in ihren Augen eine Dorfvettel, die Gammelhex, die Blei gießt und aus kalten Klumpen seltsame Bewandtnis liest. Ich bin nichts Aufregendes, und die Fehler, die sie machen, sind ihre Fehler. So denken sie: Die Putzfrau, wenn sie den Mund aufmacht, stinkt sie nach Moral. Sie soll lieber ein paar Pfunde abnehmen, sie soll sich besser anziehen und das Geblümte für immer über die Kleiderstange stülpen. Sie soll ihrem Mann nicht mehr gehorchen, obwohl der Mann doch mit dem Alter immer mehr seiner Frau gehorcht. Was will ich mit fast sechzig das Gesicht pudern oder mir die Lippen schmieren mit Rot. Ich gefalle meinem Mann auch so, wie ich bin, und er rührt keine andere Haut an als meine. Was diese Menschen als erledigt ablegen, ist nicht erledigt. Es überfällt sie nur Langeweile, und die Sache wird zum Kram, den sie wegstellen, und es ist dieses Weglegen, das sie verrät. Denn sie wollen immer als neu und unangetastet gelten und machen doch alt und tasten mit fiebrigen Fingern. Güzel Oğlum, bunlar üst perdeden konuşur, ben bunların gözünde paçası düşüğün tekiyim, und daß ich über diesen Hämehaufen weiß und still bin, ohne mich zum Katerbuckel zu sträuben, ohne mich zu stellen dagegen, hat guten Grund: Der Wissenhaber liest Heil und die Schatten des Schreis von vielerlei Lippen und macht seinen Mund zur stillen Grotte. Der Wissenhaber verschluckt sich nicht an Klugheit, er denkt, daß die Zeichen, die man anderen wie Orden anheftet, eigentlich Fluch und Verwünschung sind. Und so bin ich auch nur Speiser von wenigen Wissenskrümeln und möchte nicht fluchen und nicht verwünschen. Mein Bauch um den Nabel ist schrumpelig wie der Fuß eines alten Elefanten. Meine Zunge paßt nicht in diese Zeit. Und so lege ich den geblümten Kittel an und scheuere den Boden und bin doch nicht das Bild und die Bilder der anderen.

Da muß für uns doch mehr
drin sein als das

Nilgün, 17, Schülerin

*Nichte eines Bekannten. Ich lernte sie bei den
Gerichtsverhandlungen ihres Bruders kennen.
Sie saß allein auf einer Bank und schaute alle
Leute neugierig und eindringlich an, wie eine
Wildkatze, die sich auf den erstbesten wirft, der
eine Gefahr bedeutet. Als sie ihren Bruder sah,
lächelte sie, ging zu ihm und sagte, daß sie nicht
zulassen würde, daß er ins Gefängnis käme. Er
lächelte zurück und schien ihr zu glauben.*

Zu Hause heiße ich Nilgün. Aber draußen nennt mich
niemand so. Da bin ich die Nilla. Überhaupt bin ich zu
Hause jemand anderes. Das muß so sein. Sonst überlebe
ich das nicht.

Ich lebe schon seit 17 Jahren in diesem Kaff. Hier gibt
es mehr Spielotheken und türkische Teestuben, wie die
offiziell heißen, als Bäckereien. Das einzige Kino in der
Nähe hat Pleite gemacht, als sich alle Videos gekauft
haben. Da war ich noch ein kleines Kind. Jetzt ist da ein
Videoverleih, was auch sonst? Ich weiß noch, wie ich mit
meinem älteren Bruder Pumuckl im Kino geguckt habe.
Kommt mir vor wie gestern. Als Kind war ich glücklicher.
Oder ich hab das alles nicht so mitgekriegt.

Mein Bruder sitzt jetzt im Knast. Er hat sowas gedreht
in der Spielothek. Was genau, weiß ich nicht. Meine El-

tern haben mir nichts erzählt. Ich sollte nicht schlecht von meinem Bruder denken. Das mache ich sowieso nicht. Er ist und bleibt mein Abi, mein älterer Bruder eben. Das ist nicht so wie bei den Deutschen. Die kennen ihre eigenen Geschwister nicht mehr, wenn es ihnen nicht paßt. Da ist kein Zusammenhalt. Ich glaube, das ist ihr großer Fehler. Die haben keinen Zusammenhalt in der Familie. Ich krieg das schon mit, bei meinen deutschen Freundinnen. Eine von ihnen, die Susanne, hat einen jüngeren Bruder. Naja, der ist nicht der Schnellste. Aber n ganz korrekter Kerl eigentlich. Wenn sich welche über ihn lustig machen, ist sie gleich mit am Lästern. Ich hab sie mal gefragt, warum sie das macht, das ist doch ihr Bruder und so. Da sagte sie mir: »ja meinst du, ich will mich bei allen blamieren mit ihm? Ist schon schlimm genug, daß ich so einen in der Familie hab. Ich bin schon gestraft genug.« Da war ich echt baff. Natürlich sind nicht alle so. Die Maike versteht sich ganz gut mit ihrer Schwester. Aber, die Deutschen haben's einfach nicht so mit Geschwistern, glaub ich.

Ich stehe zu meinem Bruder. Auch wenn er was verbrochen hat. Die Tratschtanten bei uns wissen sowieso mehr als jeder andere, was abläuft. Ich habe schon alles erfahren. Mein Bruder ist gefeuert worden, da wo er gearbeitet hat, wegen Stellenabbau, is klar. Er war Schlosser. Da war er lange arbeitslos. Dann hat er einen Job in einer Spielothek bekommen. Meine Eltern waren zwar nicht sehr glücklich darüber, aber es war besser als gar nichts. Nach einer Zeit brachte er immer mehr Geld nach Hause. Er sagte, das wäre so eine Sache mit Prämien, was weiß ich. Dann riefen komische Typen bei uns an. Das waren Drogendealer, glaube ich. Er hat da was gemacht. Dann hat er wohl den Laden ausgenommen und hat sich zu meinem Onkel nach Stuttgart abgesetzt. Aber die Polizei hat ihn dort geschnappt. Der Laden wurde eine Weile gesperrt. Als sie nichts gefunden haben, wurde er wieder aufgemacht.

Er ist eigentlich ein Sonderfall. Die meisten Typen hier haben gesessen oder was am Stecken. Die meisten haben nichts zu tun, keine Arbeit, kein Geld. Meine Mutter sagt, die sollte man zurückschicken, in die Türkei. Da würden sie sehen, was es heißt, so herumzustreunen. Mein Bruder war ja nicht so. Er hat nicht von Anfang an Mist gebaut. Aber die meisten Typen kennen hier nichts anderes. Und die Frauen: Ihr ganzes Leben besteht aus kochen, Kinder erziehen und tratschen. Auch die, die mit einem Schleier herumlaufen. Sie halten sich für etwas Besseres. Dabei reißen sie das Maul am weitesten auf. Und sie glauben auch noch, daß sie ins Paradies kommen. Und ich soll Höllenholz sein, womit Gott das Feuer anfacht, weil ich Jeans trage. Einmal habe ich einer verschleierten Nachbarin die Meinung gesagt. Sie hat mich gleich verpetzt. Meine Mutter hat sofort zu ihr gehalten. Schließlich sei sie unsere Nachbarin und älter als ich. Ich hätte respektvoll sein müssen. Das kotzt mich so an. Alles ist falsch, alles verlogen. Aber ich, ich will nicht dazugehören. Da mache ich nicht mit. Ich will da raus. Ich will nicht so werden wie die alle. Ich hab meine eigene Welt da draußen. Zu Hause mach ich das Bravtöchterlein, gehe zur Schule, mache Hausarbeit, auf Hochzeiten schön Heiteitei mit allen. Da bin ich in ihrer scheißverlogenen Welt. Aber wenn ich bei meinen Freundinnen bin, sieht mein Leben anders aus. Da bin ich die Nilla. Wir machen, wozu wir Lust haben, weit weg von unserem Ursprung. Wir wollen dort nicht versauern. Wir wollen Spaß haben,

Musik hören, Musik machen, tanzen, unsere Jugend ge-
nießen. Man kommt nur einmal auf die Welt, heißt es,
und die meisten Menschen leben so, als hätten sie so viele Leben, daß sie sich erst aufwärmen müßten. Oder warum sind sie so bewegungslos? Wir haben so viel Power.
Das darf nicht verschwendet werden. Da muß doch mehr
drin sein als das ewige Warten darauf, daß man älter
wird und heiratet und Kinder bekommt und Enkelkinder
und sich Sorgen um sie macht. Da muß doch mehr drin
sein als zig Omas in der Fußgängerzone, die mit ihren
Hunden spazierengehen, die eingeschlafenen Fratzen in
der Straßenbahn, die langweiligen Fernsehabende, in denen eine türkische Seifenoper nach der anderen läuft oder
ein deutscher Scheiß nach dem anderen, wo ich und meinesgleichen nie drin vorkommen, mehr als der alljährliche
Urlaub in die Türkei, mein sogenanntes Heimatland, über
das ich weniger weiß als jeder Tourist, der dort eine Rund-
reise gemacht hat. Es muß doch etwas passieren, ein
Knall, und alle wachen auf und sehen, daß sie nicht umsonst leben dürfen, daß sie etwas verändern müssen,
wenn nicht im Leben anderer, dann eben in ihrem eigenen. Ich sehe, daß es so nicht weitergeht. Die Menschen
können so nicht glücklich sein. Aufstehen, zur Arbeit,
abends nach Hause, essen, fernsehen und schlafen. Ich
will nicht so leben wie meine Eltern oder die meisten Deutschen hier. Ich sehe keine großen Unterschiede zwischen
der deutschen Durchschnittsfamilie und der türkischen.
Die Art ist vielleicht etwas anders wegen der Tradition.
Ja, wir essen etwas anderes und sprechen eine andere
Sprache. Unsere Kulturen unterscheiden sich. Aber ich
vergleiche mich mit meinen deutschen Freundinnen und
sehe, daß ihre Eltern ungefähr das gleiche für sie wollen

wie meine für mich. Die Väter sind in der Teestube oder in der Kneipe. Wo ist da der Unterschied? Die Mütter sitzen meistens zu Hause und haben Besuch von Nachbarinnen oder Freundinnen. Und sie alle denken, sie wären so unterschiedlich. Dabei führen sie das gleiche öde Leben und merken es noch nicht einmal, weil sie sich an oberflächlichen Dingen aufhalten. In meinem Leben muß etwas passieren. Ich werde dafür sorgen, daß es passiert. Jeder ist dafür selbst verantwortlich. Ich habe die ersten Schritte dafür gemacht. Ich halte aber auch nichts davon, sich einfach so abzusetzen. Das hat Semra gemacht. Sie hatte irgendwann keine Lust mehr. Ist einfach abgehauen. Die Eltern haben sie aber gefunden und sie in die Türkei zu ihrer Tante geschickt, damit ihr dort der Kopf so richtig gewaschen wurde. Aber bei ihr half nichts mehr. Sie ist auch dort abgehauen. Als die Tante sie wiedergefunden hat, hat sie sie direkt zurückgeschickt. Sie wollte sich nicht mehr mit ihr herumschlagen in ihrem Alter und mit ihrer Krankheit. Eine Weile noch war sie hier. Die Eltern hatten ihr verboten, mit uns zu sprechen. Als ob wir schuld daran gewesen sind, daß sie zuviel gekriegt hat von ihrem Alkivater, ihrer schmerzmittelsüchtigen Mutter und der hysterischen Großmutter. Eine Heirat hielten sie für die Lösung. Sie haben sie mit ihrem Cousin verheiratet. Ein Kotzbrocken vor dem Herrn. Sie wollten sie einfach abschieben, jungfräulich verheiraten. Sollte der Mann sich doch um sie kümmern. Er hat sie jeden Tag geschlagen. Sie hat ihren 18. Geburtstag abgewartet und ist dann endgültig weg. Die Tratschtanten glauben, sie wäre irgendwo auf dem Strich. Das denken sie alle, wenn sich eine Frau absetzt und so lebt, wie es ihr gefällt. Sie sehen nicht, ob sie eine Chance hatte auf Glücklichsein.

Auch so will ich nicht enden. Irgendwo zwischen weich und hart will ich mich durchsetzen. Ich will mich spüren, und andere sollen mich auch spüren. Ich will etwas bewegen. Wie, weiß ich noch nicht. Ich weiß nur, daß es hier nicht geht.

Ich seil mich ab. Auf Wiedersehen. Langsam, aber sicher seil ich mich ab.

Attacke machen, is ganz was anderes als Gemetzel wollen

Sevda, 24, Arbeitslose

Ich traf sie auf der Hochzeit eines Bekannten. Sie knabberte Sonnenblumenkerne, als ob ihr Leben davon abhinge, und schien mit sich selbst zu reden. Beim genaueren Hinsehen sah ich, daß auf dem Stuhl neben ihr ein Säugling in einem Korb lag, dem sie zugewandt war. Als sie mich bemerkte, fühlte sie sich ertappt und wurde etwas rot. Um ihr die Peinlichkeit zu ersparen, fing ich an, das Baby zu streicheln und zu ihm zu sprechen, als ob ich es ihr nachmachte. Daraufhin grinste sie breit.

Was eine Spur hinterläßt, muß nicht immer groß sein, und was dich überrollt, hinterläßt nicht immer eine Spur. Da gibt's Schlepper aller Größen, die an dir ziehen und zerren, dir was zutreiben, und denen tappt mancher Wildhuf in die Schlinge: Lämmchen aller Sorten, kleine Nager, große Hirsche mit mächtigem Geweih, Monsterteile, Monsterbrocken, übermannsgroß und mit Wahnsinnsspitzzahn im Maul. Eine Falle für alle Klassen. Wenn's still is, powern die, und das gibt nen Terror, wie du's nich gewohnt bist, so gemeines Treiben in dir deinem Kopp. Soll dich reißen von allen Stühlen. Aber dir geht's morsch wie immer! Im Kümmelschlaf haste s Morsche gelernt und betrachtet, und der Kümmelschlaf dauert n bißchen länger als im normalen Life, das saugt volle Kanone Saft von dir deinen Eutern, von dir deinen Eiern halt, wenn du n Kerl bist, aber ich bleib mal an meinem Ball. Alemania macht dir nen fetten Abdruck.

Inner Straße is Schlund, und du kriegst Handlohn von deinen Taten, was du eben in Jahren bastelst, was du man tätigst wider s lausige Austrocknen. N Messer is n Messer, Schlacht bringt Gegenschlacht, und du bist dran, immer wieder von Dürrung wegzukommen. Dürrung is nämlich überall und im Ghetto, Dürrung heißt knapp bei Kasse, Dürrung heißt Null Rauskomm, Dürrung heißt: Freund, der is schon lange tot und vorbei. Der Bürgerstand hat wahrlich hohen Zaun um ihm sein Leben gebaut mit Gold und Kies, und wer's nich hat, hat's nich und is nich Bürgerstand. Der Bürgerstand is die Opernkostümmaus, is die Sekretärschlampe, is s Unigirl und s Diplomkindchen. Doch wir nich und ich nich, weil wir Gefickte sind, weil wir Pech haben und Räude haben: so isses. Dies so-isses lernste hier, Baby, was Aleman so nennen tut als harte Schule des Lebens is hier, wo s Reingewürge nich enden will, n wichsiger Witz. Dies so-isses haste inner Speise, haste im Life, haste im Himmel und im Sarg, und die Grindmaden, die man zum Kadaverknabbern kommen, sagen: jaja, so isses!

Es flirrte mir, wie s Licht tut über heißem Motorblech, turtelte mir, wie s Taubenpack mit Gurr köpfchenruckend tut. So fand ich Alemania: mir nah am Arsch, so naher Atem am Genick, und ich so weit ab vom Schuß. Und erst dacht ich, was is'n das fürn Schmerzzufüger, der nen Herrgott mimt, und da fand ich wieder n Stück Aleman wie n Voodookastanienmännchen mir unters Kissen gelegt, mir s Leben zu nehmen, mir zu kommen als Scheißpillendealer und Innendrinkmixer, und so kenn ich Aleman: Er popelt inner Seele. Ich kann das in viele Hefte schreiben oder anne Wand sprühen: Aleman spuckt zurück, Aleman macht dich zu Papier und geht mit Scherenhand da ran, Aleman kürzt dir den Kopf, Aleman hat ne Starfresse, und n Kümmelschläfer muß es sich verkneifen, was darzustellen. Dir is die Möse abgeschafft, und dir is der Arsch abgeschafft, und dir is n Babygör abgeschafft, und das kommt, weil Alemania ausgedörrter Boden is.

Alles starrt: vonnen Fenstern vonner Straßenschlucht vonnen Fußgängern vonnem Alemanhimmel. N Kümmelschläfer kriegt die Losung vom Aleman: Dir bring ich's bei und pfeif aufs Gewoge deiner Ansicht. Und jetzt wie n scheiß Aufsteher, wie n scheiß Lazarus is der Kanak dran, jetzt is er dran als Zermalmer, und du hörst Schalenknacken unter seinem Schuh. In nur einer einzigen Nacht killt der Kanak zehn kleine Aleman: Furcht, Mindersein, Totgleiskopp, schwerer Alpdruck, Sterilkrebs, Grölton, So-sein-wie-Aleman, Holzgesicht, Recht und Ordnung und im Christfriedhof liegen. Dies hab ich man inner Endpleite gesehen und mir genommen zum Prinzip, weil die Zeit is anders, und ich bin anders in meiner Haut. Die Großen sind inne Klemme gegangen, und die Wichte, die Nix-mehr-zu-melden-Habenden, die sind auch über kurz oder lang inne Klemme abgegangen, und wer's wild liebt inner Wildnis, die eigentlich keine is, der wird n Köter und fängt sich mit seinem langen Fell Kletten ein und geht auch ab inne Klemme vom Aleman. So n Klemmenkasper will ich nich werden, Bruder, und was will ich also sein hier in so vielen Straßen: Klartextdenker! Attacke machen is ganz was anderes als Gemetzel wollen. Das eine is gescheit, das ande-

re krückenblind. Die Gegend zuballern is was für Scheiß-
rambos. Ich aber bin nich drin in diesem Geschäft, in diesem Bis-die-Munition-alle-is-Kack. Denn dann kommt die
Polis, und die haben ja sonst nicht viel zu tun, als Kümmel
von der Street wegzupicken, zu ziehen annen Haaren, bis
der Nacken schwillt, und alle Schuld plus Christus'
Nagelung in unser Strafenregister einzuschreiben. Auch
die meinen, daß die Kümmelrotte dran is, und man kann
mal falsch anblinzeln die scheiß grelle Sonne oder die
beulige Coladose wegscheppern, und schon sind die
Fickbullen vor Ort und brüllen: Die Alemansonne gehört
nicht angeblinzelt, und die Blechbüchse laß du auf deutschem Pflaster liegen, haste kapiert, Kümmel! Aber was
ich meine mit: Jetzt aber Kanake ran!, is n anderer Schick.
Da wird alles leichter, da scheißt du echt auf den Revier-
zaun. Und Aleman hat sich ja auf seine lausigen Güter
zurückgezogen, und er wird rübenrot, weil da hat sich so
n Kümmelkeil aufn Weg gemacht. Die Schneise is echt
ordentlich, die so nen Keil da man treibt innen Aleman-
grundstück, und du tanzt da an und bolzt ihm die Messing-
tafel wech, du bolzt ihm seinen verschissenen Piefke-Vor-
garten wech, und du bolzt ihm seine Holzfresse wech: Das
is n Attack, was gute Güte hat und für mich n Lebensbeweis
is: Zeig deinen Körper! Das is Stil, das is ne schrille Tour
gegens Einmachen des Kümmels, denn der is ja nich von
Pappe und wird regenweich, der hat heiligen Ingrimm von
all dem Unsichtbarsein gestaut im Body, und in diesem
Body steckt sein Ausdruck und bleibt unversehrt. Ver-
sehrung is n Doppelgänger vonnem Aleman, und den gilt's
auszutricksen.

Im Bimboslum is die Kümmelhaut n Teppich, auf dem
man stapft, und dort draußen hängt man sie wie n Zebra-

fell anne Wand oder rahmt sie ein oder stopft aus den dir abgerissenen Kopp: also ne Falle. Das is doch, als würde n Aleman n Kanak-Kid mit Ingwermus füttern und staunen, wenn es plärrt, und es nen Undankbaren schimpfen, wo er doch den Kanak innem Luxus bettet. Völlig falsch, sich rauszuschleimen, denn biste mal inner Deutschsiedlung, erfährst du dich als dem Aleman zu Füßen, siehst du, was wirklich Sache is: Alemania is n Nepplokal, und nix wie weg vom Scheißtrödel. Ich bin ne olle Narbensau, Bruder, ich krieg ne nasse Fotze beim Wort Attacke, es gilt zurückzuschlagen, es gilt zu brüllen: Was immer auch für ne Party hier in Alemania läuft, es is nich meine Party. Die Party is nämlich n Downer, und dann schlagen die mitm nassen Lappen dir ins Gesicht und rufen: Über dich die Verstoßung. Doch steht der erdlose Falke in der Luft, wo alle Luft ihn einschließt, bleibt er überm Tamtam, zieht er Trouble nich an, steht das Edeltier also inner gewaltigen Luft, diktiert er s Geschäft für die Männekens da unten, die verwickelt sind in Kleinkram, und kein Schuß trifft vortrefflicher. Attacke, Bruder, da schmeißt unsereiner die Falkenluft von da oben inne Alemanfresse, und ab geht die Party, und keine Faust schmettert härter. Yoo!

Das unverstellte wilde Sprechen erlaubt es,
Gedanken und Gefühle klar zu artikulieren.
Eine sprachschöpferische, schimmernde
Präzision spricht aus den Texten.
DeutschlandRadio über *Kanak Sprak*

Feridun Zaimoglu, geboren 1964 in Bolu,
Türkei, lebt seit fast 30 Jahren mit kurzen
Unterbrechungen in Deutschland, seit
1985 in Kiel. Er studierte Kunst und Human-
medizin, ist Mitbegründer der türkischen
Literaturzeitschrift ARGOS, Kolumnist für
SPEX und wurde mit seinen beiden ersten
Büchern zum Kultautor.

Bei Rotbuch erschienen:
Kanak Sprak. 24 Mißtöne vom Rande
der Gesellschaft (1995)
Abschaum. Die wahre Geschichte von
Ertan Ongun (1997)